Meditación Práctica

Meditación Práctica

Bases Iniciales de Meditación

Steve Hounsome

Grupo Editorial Tomo, S. A. de C. V.
Nicolás San Juan 1043
03100 México, D. F.

1a. edición, enero 2000.
2a. edición, mayo 2002.
3a. edición, septiembre 2012.

Nicolás San Juan 1043, Col. Del Valle
03100 México, D.F.
Tels. 5575-6615, 5575-8701 y 5575-0186
Fax. 5575-6695
http://www.grupotomo.com.mx
ISBN: 970-666-221-9
Miembro de la Cámara Nacional
de la Industria Editorial No 2961

Realización del proyecto editorial: Luis Rutiaga
Supervisor de producción: Leonardo Figueroa

Impreso en México - *Printed in Mexico*

Agradecimientos

Me gustaría agradecerle a todos mis maestros del pasado, del presente y, sin duda, del futuro, porque muchos de los frutos de su intenso trabajo están incluidos aquí, ya que se han manifestado en mi interior. En particular, entre estos están Keith, Linda y Al. También debo agradecerle a todos los estudiantes del pasado, del presente y espero que del futuro, por haber tenido el valor suficiente para intentar las meditaciones. También estoy en deuda con Margaret Pilling por su ayuda y su consejo ¡y por librarme de los efectos de muchas horas de trabajo en la computadora escribiendo este libro! También gracias a Julia y a Jon por su paciencia y comprensión.

Este libro está dedicado a Carrie, porque la amo.

Sobre el Autor

Steven Hounsome es profesor de Meditación y asesor psíquico profesional, teniendo como base Winchester, Hampshire. Tiene preparación en Sanación, Estudios Psíquicos y Tarot. Él estudió extensamente Meditación, Magia Natural, Cábala y la Tradición Arcana Occidental y sigue haciéndolo. Es miembro fundador y Ministro en la Rama Sur de la Sociedad Profesional de Tarot. Previamente escribió el libro "Taming the Wolf: Full Moon Meditations" (Domesticando al Lobo: Meditaciones en la Luna Llena) y grabó una serie de 11 cintas de meditación muy elogiadas.

Introducción

Hay muchos libros sobre el tema de la Meditación, algunos son buenos y otros no tanto, pero todos tienen algo que ofrecer. El truco es simplemente tomar lo que sientas que es correcto para ti y desechar el resto, tal vez para otro día. A lo largo de mi experiencia como maestro y practicante de Meditación, he visto que hay muy poco material disponible que le ofrezca al lector las técnicas que le ayudarán con el asunto de la vida diaria. Hay miles (sobre miles) de palabras escritas con la teoría de la meditación y las complejidades de la iluminación espiritual. Como no afirmo, de ninguna manera, que sea capaz de otorgarle esto a otros o ni siquiera a mí mismo, no pretendo involucrarme con este aspecto de la Meditación.

En cambio, este libro se distinguirá ofreciéndote muchas técnicas que puedes usar y adaptar para permitirte enfrentar tu tensión, estar, en general, más relajado, más consciente de ti mismo y de tus necesidades —físicas, mentales, emocionales y espirituales, y en conjunto, estar en una condición que mejore la calidad de tu vida y de ti mismo.

Con el fin de lograr esto, examinaremos detalladamente el cómo, dónde, cuándo, quién y por qué de la meditación, para ayudarte a comprender el tema de modo que aumente su efectividad para ti.

Exploraremos lo que te sucede en los diferentes niveles de tu ser, cuando meditas. Descubriremos lo que puede lograrse por su uso, dónde y cuándo es mejor hacerla y, realmente, cómo se hace mejor.

Las técnicas que se incluyen en este libro están repartidas en las secciones correspondientes. Hay Meditaciones para lograr y mejorar la relajación, técnicas básicas, meditaciones de energía, meditaciones para el sistema energético del cuerpo (esto se explicará), meditaciones para la sanación —tuya y de otros— y meditaciones para ayudar en tu desarrollo y progreso, personal y espiritualmente.

Todas las meditaciones que se incluyeron han sido probadas y aprobadas por mis siempre pacientes estudiantes a quienes les rindo homenaje, ¡las que no se aprobaron fueron consignadas a la basura de reciclaje!

Pretendo que este libro sea práctico, que esté al alcance de todos, no únicamente de los que ya estén caminando por el sendero del nuevo amanecer de la Era Acuariana. Si alguna vez te has preguntado qué es la meditación, pero te has desanimado por el lenguaje y el concepto, acomódate, lee este libro y deja que entre en ti. Descubrirás que la meditación es un hábito fácil de adquirir que puede, si estás dispuesto, cambiar y transformar suavemente tu vida y a ti mismo, haciendo que esta sea más significativa y placentera. No te perderás o te convertirás en intelectual o débil. De hecho, es totalmente lo contrario. Hasta puedes encontrarte, como yo, apoyando pacíficamente los proyectos en los que creas, frente a situaciones potencialmente amenazadoras. Sin embargo, tu conciencia meditativa te dará la habilidad para evitar la violencia y habrás ayudado a mejorar el mundo o, por lo menos, a hacer que piense la gente.

Esto no quiere decir que la meditación sólo es para aquellos que estén dispuestos a estacionarse frente a excavadoras y palas mecánicas, porque es uno de los pocos temas que en verdad está disponible para todos. Los niños pueden meditar en cuanto llegan a cierta edad, los ancianos pueden meditar, también pueden hacerlo los estudiantes, los programadores de computadoras, los abogados, los asesores, los administradores, hasta los autores (¡y sus editores!), siendo estas algunas de las profesiones que algunos de mis propios estudiantes mencionan. Hoy muchas compañías grandes están incluyendo clases regulares para ayudar a sus trabajadores, aunque estas todavía se apliquen como "manejo de la tensión" en vez de meditación — ¡Ya están llegando al punto!

Este libro también ayudará a los maestros de meditación (y de manejo de la tensión) ya que los abastecerá con muchas técnicas que pueden usar en sus clases. Por favor sientan la libertad de hacerlo. Espero que las meditaciones incluidas aquí, puedan ser usadas por mucha gente que tenga espíritu de exploración y desarrollo. Sin duda algunas no les gustarán, otras sí. Es posible que sientas que con unas puedes mejorar, en ese caso hazlas con energía y dedicación — después escribe a la editorial para que me entere de los resultados. Juntos podemos colocar nuestras mercancías en el mercado para que sean inspeccionadas y probadas por todos, y al hacerlo, quizás permitamos que una nueva conciencia se instale en algunas personas, mientras siguen su camino a través de este maravilloso y asombroso mundo.

Esta nueva conciencia está desplazándose rápidamente por los diversos pueblos del mundo de tantas maneras diferentes como paises existen. Se nos dijo que esto es un indicador del cambio a la Era Acuariana, que es cuando necesitamos vivir con los nuevos principios y medios. He descubierto que la meditación es la piedra angular de esa nueva conciencia, no sólo en mi vida espiritual y aspiraciones elevadas que me guían, sino en la forma en que vivo mi vida, el alimento que como, la ropa que uso, la gente que respeto y elijo ver, el trabajo que hago y mi propia opinión de mí mismo. Como ves, la Meditación es muy práctica, igual que en muchas enseñanzas esotéricas nuestro lugar más espiritual está justamente frente a nuestros ojos — nuestra muy difamada Madre Tierra. La meditación no tiene que estar llena de misterio y asombro, ni que tus visiones interiores siempre estén llenas de personajes resplandecientes con mantos y capuchones.

Para mí y sé que para muchos más, la meditación es la piedra angular del desarrollo espiritual, pero ese desarrollo tiene lugar en una vida cotidiana, mientras te ocupas de tu existencia.

Después de muchos años de una práctica de meditación cotidiana (¡principalmente!) puedo decir que esto es lo que realmente "me mantiene unido" y me da la posibilidad de mantener verdaderamente el control de mi vida y de mi destino. A través de mis meditaciones puedo mantenerme informado de las energías y las fuerzas fundamentales, tanto en mi interior como en el exterior, que modelan mi vida y la realidad que experimento. Desde esta conciencia soy capaz de tomar decisiones que en mi interior sé que son las correctas. Soy capaz de aplicar la sabiduría (algunas veces) adquirida en las meditaciones, para ayudarme a evitar los excesos y las acciones que no son benéficas para mí. En esto, la meditación es la llave para la paz y la satisfacción interior, que me da la posibilidad de mirar hacia afuera de mi ventana a una colina antigua y hermosa, y saber que todo está bien en el mundo, a pesar de las guerras, el hambre, las violaciones, asesinatos y vicios. Esto puede sonar ridículo o ilógico, pero estas son cosas que no pueden explicarse, sólo experimentarse.

Pero este libro no es sobre esas declaraciones místicas. Mi objetivo es quitarle el misterio a la meditación y hacerla comprensible y accesible como un medio natural, por el cual te comprenderás mejor a ti mismo y al mundo en el que vives. A través de una práctica habitual de meditación, puedo decirte que es posible lograr un equilibrio profundo y satisfactorio del cuerpo, la mente y el espíritu. Hacia donde sea probable que esto te lleve, sólo tú puedes descubrirlo.

Dejemos que entonces este libro te guíe a través del laberinto místico de la meditación y llegues a un sitio verde y tranquilo en el centro del laberinto, donde te puedan seguir otros con una mente semejante y puedas sentarte en paz, en la soledad si lo deseas y dejar que el mundo corra enloquecido a tu alrededor, mientras tú permaneces centrado y tranquilo en el centro de ti mismo y de todas las cosas.

No hay atajos en el interior de este laberinto, no hay un camino fácil o rápido, sino que con la aplicación sincera y dedicada, vigilando y permaneciendo despierto y conciente de tu ruta y tus experiencias a lo largo del camino, alcanzarás ese centro. La meditación requiere de una práctica regular y paciencia. Como cualquier cosa que vale la pena tener, antes que nada debe hacerse un esfuerzo e invertir de ti mismo.

Con el tiempo, tus horas que pasaste sentado con los ojos cerrados, pensando que estás perdiendo tu tiempo, serán recompensadas más que abundantemente.

Una vez que hayas alcanzado el centro del laberinto, conocerás tu camino de salida. Será la misma ruta que tomaste para entrar, pero se verá y se sentirá diferente. La vegetación podrá parecer más verde y viva, ya que resplandece con la vida. Tú también resplandecerás con esta vida (¡aunque realmente ya lo hagas, es posible que aún no te des cuenta!) y así es la intrínseca conexión que se descubre entre tu ser y todas las cosas. Esto te lleva a pensar, sentir y actuar con más responsabilidad, llegando por ello a tener el control de tu vida y de ti mismo. En la embriaguez de todo esto, manten tus pies en el suelo, ve hacia donde vas ¡y no te olvides de meditar!

Capítulo 1

Toma una Respiración Profunda

La meditación se ha usado por todo el mundo durante miles de años. Por consiguiente, sobre el tema de la Meditación hay muchos planteamientos diferentes y, mucha gente ha escrito y hablado extensamente acerca de ello. Por ello, la Meditación ha quedado llena de conceptos y opiniones, algunas verdaderas y otras falsas. En años recientes, esto ha tenido la tendencia de resultar en un conjunto de confusiones que se le presentan al curioso en su primer pregunta o experiencia. ¿Cómo sabes qué camino es mejor y en quién puedes confiar para que te enseñe correctamente?

La respuesta sencilla que han dado muchos maestros a esta pregunta sería: confía en tu instinto o en tu intuición. Todo esto está muy bien pero, ¿cómo sabes qué es eso y si puedes confiar en ello cuando lo descubras?

En cierto modo, la meditación no necesita más maestro que tú mismo. Casi toda la gente cree que meditar implica estar sentado serenamente y estar relajado. Esto es en definitiva suficiente y si te sientas de este modo bastante tiempo, y si tienes la paciencia, te deslizarás a un estado de meditación.

Entonces, tal vez puedas esperar posteriormente logros interiores, que entran de la nada en tu cabeza, porque estás muy relajado y sereno. Esto puede suceder, pero entonces nuevamente, puede ser que no. Puedes sentarte ahí preguntándote qué vas a cenar y cómo está la Tía Mabel. Puedes pensar que este planteamiento te llevará a la iluminación y que esto será el fin de todos tus problemas. Y hasta podrías estar en lo correcto, ¡en ese caso por favor infórmame de inmediato qué hacer!

La meditación ha quedado impregnada como una imagen popular y una idea en la mente de las personas. La meditación ha sido representada, muchas veces a través del ridículo, como algo que practican los monjes en los paises Orientales o los hippies, dando como deducción que sólo meditan los que son débiles, intelectuales, los que están desconectados de la realidad o los que quieren desaparecer del mundo y pretender que todo es bello todo el tiempo. Es cierto que los hippies meditan y sin duda también los monjes de los paises Orientales, pero como mencioné en mi Introducción, asimismo lo hacen muchas otras personas. A pesar de que es cierto que algunos quieran inicialmente o esperen poder usar la meditación como un método de evasión, otros quieren ponerse en contacto consigo mismos, eliminar sus inseguridades y sus fracasos y avanzar por la vida. A estas personas, con paciencia y dedicación les llegarán los frutos de la meditación. A los evasivos, mientras estén encerrados en las jaulas de una visión estrecha, ¡les llega el escape!

He tenido muchos estudiantes que en el pasado vinieron a mí, solamente porque querían vivir en un estado permanente de Meditación, incluyendo una estudiante que orgullosamente reportó que Ella practicaba mientras manejaba — ¡algo que NO recomiendo! Simplemente, no puedes vivir de esta manera todo el tiempo, la condición actual de nuestra sociedad y del mundo no lo permitiría. Así que cuando veo a un estudiante en esta condición, sé que hay que trabajar. Pueden estar simplemente en una etapa en su interior donde necesitan descansar un poco y tomarse un tiempo libre de la tensión para enfrentar el mundo. Eso está bien y la meditación permitirá esto diariamente, pero no es una salida de emergencia para enfrentarse a la realidad. Debemos aclarar aquí que la vida puede abordarse de una manera meditativa, equilibrada y moderada, pero no se puede estar en un estado de meditación todo el tiempo.

Parece que muchos estudiantes casi entran flotando a mi sala de meditación en su sesión introductoria. Aquellos que entran a la sala, llenos de nervios y declarando que no saben por qué están aquí, son sencillos — están maduros y listos para abrirse desde su interior y descubrir todo lo que hay que saber. Los "flotadores" piensan que lo saben todo. ¿En cuál de los dos entras tú?

Antes de que pueda haber un progreso verdadero con los flotadores, es necesario que dejen de flotar. Qué tanto tiempo tome esto, depende totalmente de ellos. Algunos estudiantes no dejan de flotar y deciden que o la meditación no es para ellos o que lo pueden hacer por sí solos. Rara vez encuentro que cuando nuestros caminos vuelven a cruzarse siguen meditando. Por supuesto, tienen razones válidas: niños, trabajo, cambio de casa, etcétera. Simplemente no están listos para enfrentar el mundo o a ellos mismos. Cuando estén listos, regresarán y podrán empezar el trabajo.

Veamos un poco más de cerca al flotador. Pueden muy bien haber practicado la meditación antes, pero no haber encontrado el método que es correcto para ellos. Habrán asistido a muchos cursos y talleres pero dudan sobre muchos de estos. Tienen respuestas para cualquier persona que encuentran y siempre están ansiosos y dispuestos a contarle sus problemas al mundo. Nunca tienen un pensamiento negativo o representan una acción maliciosa o se ponen de malas con alguien. Aunque ocasionalmente puedan comer, ellos, casi sin duda, nunca beben alcohol—de cualquier modo, los bares están llenos de demasiadas vibraciones negativas. Muchas veces serán practicantes de alguna terapia complementaria y nunca tendrán dinero (¡estas dos últimas cosas no es necesario que estén relacionadas!).

Me pregunto si algo de esto está sonando conocido. Si lo es, entonces enorgullécete y declara que eres un flotador — ¡sal y flota en público! Entonces quizás la burla que recibas te podrá bajar nuevamente a la Tierra con el golpe requerido. Para usar cualquier cosa, la meditación o lo que sea, es necesario que primero veamos la realidad como es, o de otro modo cambiar y mejorarla para estar más en contacto con nuestros deseos verdaderos. Esto significa que debemos estar en un estado constante de vigilancia para cerciorarnos que nuestra mente esté abierta y percibe cosas desde perspectivas distintas. Por supuesto, también debemos saber cuáles son nuestros verdaderos deseos y para hacer esto debemos ver en nuestro interior y descubrir qué está nublando nuestra vista, qué nos está deteniendo, cómo puede estar modelado nuestro carácter y nuestra personalidad por nuestra niñez o hasta por vidas pasadas.

La meditación puede hacer todo esto y mucho más, pero debes estar dispuesto y abordar tu propio libre albedrío. Si estás leyendo esto, con seguridad es bastante probable que estés listo, ¡en ese caso sigue leyendo! Pero ¿qué hay de nuestro querido flotador? Cómo hacemos que en primer lugar vea que está flotando, porque no podrá ver que sus pies no tocan el suelo. Verás, ellos nunca voltean hacia abajo, las nubes son demasiado atrayentes. Muchas veces se dejan llevar, como las nubes y se unen a otras nubes. Muchas veces los grupos de meditación están llenos de flotadores y en estos nunca sucede nada, incluyendo la meditación. Antes de que cualquier flotador, que se haya identificado con estas palabras, tire este libro molesto por mi actitud, déjame decirte que tu potencial es enorme. Simplemente voltea hacia abajo y ve el mundo verdadero como es. Sólo al aceptar cómo eres realmente, con todo y defectos y aceptar que a veces el mundo es un lugar horrible, puedes empezar a ver la realidad. El mundo también algunas veces puede ser un lugar hermoso, hasta puede serlo casi todo el tiempo y la meditación nos ayuda a darnos cuenta de eso. Pero no podemos ver la belleza sin ver la fealdad. Hasta es posible ver la fealdad y la belleza interior.

Si tu percepción de la meditación es que te convertirás en un flotador cuando medites, según mi opinión estás mal. De acuerdo a mi experiencia también es lo mismo con otras tradiciones de meditación. La meditación no acepta a los flotadores, es demasiado real y práctica para todo eso. Por supuesto, si llegaras a toparte con uno de tantos grupos que están dirigidos por un flotador, ¡corre mientras puedas!

Cuando digo que medito, mucha gente supone que me siento en una habitación que está llena de incienso, mis piernas están cruzadas alrededor de mi cuello, mientras canto algo extraño. Esa es una representación popular de la meditación. Como mencioné antes, hay muchos planteamientos sobre el tema y este concepto es, sin duda, uno de éstos, y uno que es muy antiguo y respetado. Esta práctica Oriental encarna una tradición antigua y sagrada y es muy triste que muchos la pongan en ridículo, especialmente antes de intentarlo. Antes me daba un poco de vergüenza decirle a la gente que yo meditaba, pero aprendí que la fuerza interior que me daba, era algo tan valioso ¡que vi absurdo el ridículo! Así que ahora me siento orgulloso.

Sin embargo, esta imagen todavía persiste. Espero que a través de este libro, de alguna manera se promueva una imagen del meditador algo diferente. Es posible usar las técnicas de meditación en el tren, esperando el camión, caminando con el perro y hasta cenando, así como sentado en una sala silenciosa con velas, incienso, etcétera.

Esto me trae a la mente un dicho de Buda que se cita frecuentemente: "No medites, manténte en Meditación." Las acciones de comer, caminar, etcétera, pueden convertirse en una meditación para que la vida personal se viva de una manera equilibrada y moderada, evitando el camino del exceso. Así que vivimos la vida de una manera meditativa, aceptando lo que la vida nos presenta y adaptándonos conforme a ello, desde un lugar dentro de nosotros mismos de paz y comprensión de los eventos que experimentamos.

Las técnicas de meditación que se mencionan en este libro fueron recogidas de muchas fuentes e influencias diferentes, y de otras tradiciones espirituales de todo el mundo. A veces he descubierto que mis conclusiones con respecto a la forma que podemos trabajar en meditación corresponde agradablemente con la filosofía Zen o algo semejante. Esto es grato, porque me entusiasma pedir prestado de cualquier tradición. La manera como trabajo con meditación la llamo, "Occidental". Esto es en el sentido de que no es Oriental y para distinguirla de esa imagen universalmente aceptada descrita anteriormente.

Por supuesto, no tiene nada de malo esa imagen o ese planteamiento. Sin embargo, es engañoso para la gente que piensa que esto es todo lo que hace la meditación y que es la única manera. La meditación "Occidental" está más adaptada a los cuerpos y las mentes Occidentales. Utiliza y practica técnicas del Occidente, del Oriente y un poco entre las dos. Tiene diferencias en sus posturas, sus métodos y sus objetivos, los cuales debemos explorar todos.

Una de las diferencias entre la meditación Oriental y Occidental, es el ruido. Muchas veces se asume que la meditación debe hacerse en silencio, por lo menos por parte del meditador. En el enfoque Occidental es bastante común que una persona dirija un grupo o a una persona a través de una meditación específica, técnica o viaje. A nosotros, en Occidente se nos enseña y se nos mima tanto en nuestra vida, que rara vez tenemos que pensar por nosotros mismos y realmente ampliar nuestra mente y usar nuestro cerebro. Quizás esto es por todas las comodidades del estilo de vida Occidental, que nos hacen la vida más fácil y más simple. En el momento de escribir esto, muchos capitalistas se están frotando sus manos de alegría y corriendo a China a explotar — perdón, explorar, la nueva apertura de mercado ahí. Qué efecto tendrá la invasión Occidental, aún está por verse. Mientras tanto, los del Este siguen viviendo más por su ingenio, estando probablemente cada uno más vivo y satisfecho que cientos de robots Occidentales.

Como tal, a través de la historia, esas culturas que no tienen nuestra sociedad segura, y cómodamente acogedora, necesitan usar su mente, sus recuerdos y sus instintos en mayor grado que nosotros. Por consiguiente, ellos se adaptan más fácilmente a la práctica de la meditación en silencio, ya que son capaces de enfocar y concentrar su mente y tienen más capacidad para recordar lo que experimentaron y sintieron durante el ejercicio una vez que han terminado. Tenemos la tendencia de necesitar un acompañante que nos conduzca con seguridad a través de nosotros mismos mientras nuevamente aprendemos a vivir de una manera más cercana a los instintos de la Naturaleza. Para este fin, las meditaciones que se dan en este libro pueden usarse en un grupo o tú solo. Necesitarás leerlas por completo varias veces antes de intentarlas, para estar seguro que realmente memorizaste el método y puedas seguirlo todo tranquilamente y sin tener que detenerte para pensar qué sigue después.

Por supuesto, puedes grabar tus meditaciones. Si haces esto, intenta no sonar demasiado adormecido y no las leas del libro como un guión.

Lee toda la meditación las veces necesarias para que puedas memorizarla y entonces la grabes con tus propias palabras.

Después escúchala varias veces, para que te familiarices con ella y también con el sonido de tu propia voz.

Necesitarás llegar a la fase en que sea irrelevante qué voz te está hablando. El contenido de lo que se dice debe ser lo único que escuches, en el fondo de lo que estás experimentando.

¿Por qué?

Antes de que empecemos a ver los asuntos prácticos de la meditación, debemos examinar primero nuestra motivación para meditar. Tal vez sea necesario examinar tus motivos en cualquier cosa importante que hagas en la vida, para mantenerte consciente y esto te dé una sensación de control. La meditación no es una excepción de esta regla del sentido común. Algunos aspectos de esto ya se trataron antes, en nuestro examen de los flotadores y algunos de los prejuicios sostenidos por la gente interesada en la meditación. Veamos un poco más de cerca la motivación.

Ya vimos que el deseo de evadirse es erróneo, porque la meditación hace que uno esté más consciente de uno mismo y de la influencia de la vida sobre el ser y el ser sobre la vida. Esto viene de un lugar tranquilo y estable del interior, y es muy sutil en sus métodos de comunicación. Esto sucede mentalmente pero también físicamente, como lo veremos más adelante en el libro. Tal vez esta suave sutileza es lo que provoca que la gente piense que puede evadir enfrentar y tratar con la vida. Por supuesto, si esta es una de las motivaciones quedarás decepcionado inicialmente. Sin embargo, si se persevera, la persona puede y encontrará que el lugar interior es el que le permite aceptar la realidad de su vida, y así empezará el proceso de modelado para estar más en armonía con sus deseos y sus esperanzas.

Este es un proceso gradual y puede tomar muchos años, hasta toda una vida. Esto nos lleva a otra motivación, la del tiempo. La meditación necesita tiempo para aprender sus métodos y para sentir sus efectos. Entonces, si la motivación es conseguir un sistema rápido para la felicidad, para que dé la posibilidad de continuar con la vida de antes, pero más feliz debido a la práctica de la meditación, con seguridad seguirá la decepción, si no es que la desilusión, tanto para el ser como para la meditación.

El estado de felicidad en cada uno de nosotros es subjetivo, llega y se va. Quizás el truco es aceptar esto y al hacerlo, aprovechar los malos tiempos así como los buenos.

Existe una teoría popular que dice que cualquier cosa que experimentemos totalmente, desaparece. Por lo tanto, si aceptamos nuestra depresión, ansiedad, enfermedad, o lo que sea, desaparecerá.

Por supuesto, esto puede ser cierto con nuestra felicidad, un nuevo romance, el bebé, la casa, el coche, o lo que sea y por eso debemos aprender a encontrar la manera equilibrada y moderada entre estos dos, siguiendo una línea uniforme en vez de una con picos y depresiones.

Así que la meditación no te hará "feliz" ni tampoco es rápida. La meditación es uno de esos temas en los que nunca dejas de aprender.

Por eso, cualquier maestro o autor de meditación sólo puede transmitir lo que ha aprendido por la experiencia. En nuestra sociedad hay un gran énfasis en la velocidad y el cambio de adquisición de bienes.

La meditación es el resultado de un tiempo y una motivación muy diferentes. Sus beneficios no son tangibles inicialmente y toma tiempo adquirirlos y realizarlos. Simplemente, esto debe aceptarse para que la meditación le "funcione" a cualquier persona que se inicie en ella.

He tenido la experiencia de que los beneficios que salen de la meditación no son sólo para nosotros. La humanidad, como especie, en esencia es una criatura que comparte, no es egoísta. Esta declaración obviamente provoca gran debate y discusión, que la pongo a su consideración. Los frutos de la meditación, que podremos probar en breve, figuran entre otros muchos que son semejantes, una comprensión de nuestra conexión con todas las cosas, la conciencia de nuestra habilidad para sanar (a nosotros mismos y a otros) y una sensación de paz interior y contento. De acuerdo a mi experiencia y mi creencia subsecuente, hay un deseo instintivo en el sistema humano que desea compartir la sensación de paz interior, una vez que se ha logrado, con otros que nosotros percibimos que no la tienen. Esto no es una evangelización, sino un ofrecimiento silencioso hacia los que nos acercamos, de lo que sabemos es cierto para nosotros, con la esperanza de que sea cierto para otros que estén necesitados.

Para mí, esto significa que una motivación elevada para meditar es la del servicio. Si se busca la meditación únicamente con fines y objetivos egoístas, siento que entonces hay una omisión de una profunda satisfacción, que puede resultar al compartir la sensación íntima de la paz interior. Esta es más bien la diferencia entre la meditación solitaria y de grupo. Esto no proviene del hilo de razonamiento de autocomplacencia de "hice esto por ellos", sino de un nivel de conocimiento más profundo, de que se ha ayudado verdaderamente a otra persona a evolucionar en su camino correcto y de la habilidad para compartir esa experiencia.

Aunque un poco de motivación para el ser es buena, incluso mucha, (como el deseo de satisfacción interna, la aceptación de los límites propios o el descubrimiento de las habilidades y potenciales personales), hay, quizá, una vocación superior a la que pueden llevar estas cosas. En el fondo no son para el ser, ni tampoco lo es la meditación. Se debe mencionar aquí que esto no quiere decir que debemos asumir la responsabilidad de otros y su elección del sendero en la vida, sea constructivo o destructivo. Podemos ofrecer ayuda, pero no podemos rescatar.

También es bueno considerar si realmente creemos que la meditación puede funcionar o no, cuando empezamos. Es cierto que si perseveramos, la meditación puede funcionarle a todos, pero a algunos les puede parecer más efectivo otro sendero. Así que, ¿la meditación funciona? Lo único que puedo decir es que sí lo hace para mí y creo que puede hacerlo para ti, quien quiera que seas. El proceso y el efecto de la meditación superan la lógica, como lo veremos. Esto significa dos cosas: una, que no es necesario creer mentalmente en la meditación para que funcione y dos, ¡que es necesario creer mentalmente en la meditación para que funcione!

Como la meditación rebasa la lógica, no importa lo que creamos sobre ello. Si se lo permitimos, hará su trabajo. Sin embargo, lo que está alojado en el fondo de nuestra mente, en el nivel subconsciente de la creencia, tiene un efecto directo sobre nuestra percepción de la realidad. Si piensas en lo más profundo de ti mismo que la meditación son puras necedades, entonces, tu experiencia en ella es probable que también sean necedades. Sin embargo, si tienes dudas dentro de la lógica, pero quieres trabajarlo, entonces, con el tiempo, paciencia y esfuerzo de tu parte, funcionará. Tus dudas conscientes serán superadas por tu experiencia y tu conocimiento subconscientes.

De hecho, la meditación funcionará de cualquier modo, sólo es cuestión de que te des cuenta que funciona.

Así que, analiza lo que crees de la meditación. ¿Tus prejuicios son los del gurú, el monje o el hippie sentados en una sala pretendiendo ser un árbol, pero engañándose a sí mismos y no enfrentando la realidad o piensas que existe una profunda realidad interna que aún no has descubierto y esperas que la meditación te lo muestre? Date cuenta entonces, cuando empiezas a adquirir una práctica de meditación en tu vida, que tus creencias y tus prejuicios surgirán para saludarte, desafiarte, ridiculizarte y, finalmente, aplaudirte.

Habiendo examinado algunas de las debilidades interiores que podemos tener con respecto al enfoque de la meditación, dirijamos nuestra atención al aspecto positivo del tema. Esto no consiste en una larga lista de beneficios que adquirirás al practicar la meditación, ya que los descubrirás por ti mismo a medida que sigas los ejercicios del libro hasta el final. Más bien estudiaremos algunas motivaciones positivas que existen al abordar la meditación por primera vez.

Es posible que desees obtener, con la meditación, algo dentro de ti que no puedes definir, pero de cualquier modo tienes una vaga idea de que está ahí. Así que, equivocadamente, realizas tu práctica de meditación, sin saber realmente por qué lo estás haciendo o hacia dónde te va a llevar. Esto no es importante necesariamente, porque, como hemos visto, no es necesario creer que funciona para que lo haga. Tal vez es necesario creer que puedes hacerlo, pero eso es diferente. La meditación no es una técnica que debes aprender o una forma de actuar, es una experiencia, así que, por lo tanto, puedes "hacerlo". Si crees que por medio de la meditación encontrarás y sentirás esta parte interna de ti mismo, lo más probable es que hagas justamente eso. Si realmente no crees que la meditación te mostrará esto, será más difícil que lo encuentres. Así que es conveniente examinar qué esperas de tus meditaciones y lo que conscientemente piensas que harán por ti. Entonces es más probable que suceda.

Es posible que por tu práctica de meditación quieras paz mental, o quizás una mayor conciencia de ti mismo, mejorar la salud o simplemente, estar más relajado. Estas metas son bastante loables y, en efecto, alcanzables. Muchas veces mis estudiantes han comunicado estos deseos y frecuentemente los han encontrado. Son objetivos bastante comunes y tal vez esperados de la meditación. Ciertamente, no están fuera del alcance realizable de cualquiera, pero vale la pena estar consciente del principio de "la familiaridad alimenta el desprecio". Con esto, quiero decir que es importante no asumir que, como estas son las expectativas normales expresadas para la meditación, aplican para ti. De todas las que son mencionadas, una o más puede aplicar en ti y de hecho ser ciertas, pero es importante pasar por todo el proceso examinando por qué es este el caso. Sin duda, ayuda examinar durante un tiempo qué concepto tienes de la paz mental, la comprensión, mejor salud o relajación, para descubrir cuáles tienes y cuáles no.

En cuanto te das cuenta de esto, tienes una base firme y clara para empezar. Es posible que aún no sepas por qué estás meditando, excepto la esperanza de que te ayudará, pero por lo menos tendrás un criterio para medir con ello tu avance.

¿Cómo puedes saber cuándo has estado más relajado si no sientes primero qué tan tenso estás? ¿Cómo puedes mejorar tu salud si no has identificado tu enfermedad o mal-estar?

Por supuesto, estas cosas no son obligatorias antes de empezar la meditación. Tal vez sea beneficioso, pero muchas veces pueden detectarse en las primeras etapas al adoptar una práctica regular de meditación. Por lo tanto, tu puedes empezar a meditar con éxito y eficacia sin saber por qué, cómo, cuándo o dónde pero haciéndolo de cualquier modo. Aún así funcionará, si tienes la actitud mental correcta. Considera que esta actitud simplemente es de afecto contigo mismo, amor por ti mismo, paciencia y persistencia. Por supuesto, en primer lugar puede tomar mucho tiempo adquirir todas estas cosas, así que también está bien empezar la meditación con estas como objetivo — ¡ahí hay bastante para mantenerte ocupado durante un año! La Meditación, como la abordes o la comprendas y por el motivo que sea, es totalmente benéfica.

¿Con qué frecuencia?

Habiendo considerado nuestras opciones y motivaciones, ahora estamos en una posición que nos permite ver los aspectos prácticos de la meditación. Una de las malas interpretaciones populares con respecto a la meditación es que debe practicarse todos los días, sin fallar. Aunque es cierto, decir que una sesión diaria de meditación es el mejor camino y el más eficaz para darte cuenta de sus beneficios, no es esencial para beneficiarse por su uso. En realidad, no siempre se puede decir que la meditación sea un tema que te retribuirá en proporción directa lo que le inviertas, las inversiones necesarias aquí son tiempo, emoción, concentración y esfuerzo. Todos tenemos esto en abundancia, si tenemos la precaución de considerarlo. Lo que necesitamos hacer, le hacemos un espacio para hacerlo.

Entonces, el progreso que tengas con tu práctica de meditación, es totalmente por tu propio paso y profundidad. Si tienes bastante suerte en tener un maestro que te guíe, no debe haber una presión para meditar, excepto cuando estés en clase, pero debe haber todo el ánimo que necesitas. Mucha gente se desanima pensando que tiene que agregar a sus tareas cotidianas un momento para meditar, además de dar de comer a los niños, hacer el desayuno, revisar el correo y otras cosas más que inventamos para mantenernos ocupados.

Es mucho mejor adoptar simplemente una práctica de meditación cuando estás listo para ello y aumentar esto gradual y suavemente, cada vez que quieras. De esta manera, tu sistema corporal y tu mente se ajustarán fácil y naturalmente a los nuevos mensajes que tus meditaciones les estén dando. Por supuesto, debes tener un poco de disciplina contigo mismo para asegurarte que realmente hagas tus meditaciones, pero hablaremos de esto más adelante. Por ahora, simplemente podemos presentar una meditación en un nivel en que nos sintamos cómodos como personas.

Aquí podría decir que la práctica diaria es lo óptimo para que se den totalmente los beneficios de la meditación y siempre aliento a mis estudiantes a que logren esto con el tiempo. Esto es en parte porque la perspectiva en nuestra vida interior y exterior puede cambiar de la noche a la mañana, ya que a la mente subconsciente, se activa más durante la noche que en nuestra mente consciente cotidiana, se le permite comunicarle sus mensajes al cerebro. Por eso despertamos con una nueva sensación o pensamiento. Al meditar, podemos tener un acceso total a ese nuevo pensamiento o sentimiento, asimilándolo y tomando una decisión mejor informada con respecto a su importancia. También podemos descender directamente al subconsciente a través de la meditación y darnos cuenta ahí de su información.

Es muy común encontrar que la práctica de la meditación, una vez que se adquirió, llega a ser parte de la vida propia. No es un pasatiempo ni tampoco un hábito, pero llega a ser parte de qué y quién es uno. Se vuelve necesaria para mantenerse totalmente alerta y estable dentro de uno mismo. Sin embargo, de ninguna manera es adictiva, excepto que es algo que quieres hacer. Pero la vida tiene su propio hábito, el de provocar que sucedan los cambios, muchas veces inesperadamente. Cuando esto sucede, a menudo no somos capaces de mantener nuestro espacio designado con nuestro ser meditativo. Cuando esto sucede es importante no sentirse culpable o mal. No resientas la intromisión en tu hábito sino acéptala y manéjala, entonces, cuando puedas, regresa a tu meditación.

Sentirte culpable no te será de ningún beneficio y no tienes el deber de cumplir con tu meditación diaria. No obstante, es importante darse cuenta de que somos criaturas con hábitos. La meditación puede convertirse en un hábito placentero y útil, pero sigue siendo un hábito. Es importante saber distinguir aquí, entre la ejecución diaria de tu meditación y la experiencia. Por ello se requiere el esfuerzo, constantemente. La meditación no es algo que sólo haces cada día sin tenerla en cuenta. Es una especie de pasividad activa.

Entonces, el hábito de la meditación necesita tener una disciplina para evitar perderlo. Una vez que es parte de tu rutina, sea diaria, semanal o cualquier otra, es mejor mantenerse regularmente en su ejecución. Si llegas a tener una interrupción en esa rutina, sea obligada o no, necesitas cerciorarte de que la interrupción no sea permanente. Esto en gran parte se evitará de una manera natural, cuando te des cuenta y llegues a valorar conscientemente lo que la meditación hace mientras tanto en ti y también debe ejercerse un estado permanente de vigilancia para asegurarse que el hábito no caiga en el olvido. He descubierto que si dejo la meditación más de dos días, puedo sentir la falta de sus efectos en mi interior. Esto puede ser mental, emocional, física o espiritualmente, o las cuatro a la vez, dependiendo de lo que esté sucediendo en mi vida en ese momento.

De este modo, los mismos beneficios naturales de la meditación se hacen evidentes por su ausencia. Esto lo utilizo como mi señal de advertencia y me cercioro de tener una buena sesión de meditación, prácticamente en cuanto sea posible. Esto no es una obsesión, sólo una apreciación y cuidado de mí mismo. Entonces, cuando tengas interrupciones, no te sientas culpable, acepta la situación, manéjala lo mejor que puedas y regresa a la meditación. El hábito permanece como parte de tu sistema y tú eres quien lo puede hacer mejor. Los efectos, y en cierta forma, las experiencias de la meditación en gran parte son sutiles. No esperes sentir que todo ha cambiado y que ahora todo es maravilloso en tu vida, después de una semana de meditación. Esta sutileza también es uno de los motivos principales para protegerse de la pérdida del hábito.

La conciencia interior que llega por la meditación es sutil, como son en general las percepciones que surgen durante esta de tu subconsciente. Esto se filtra en el interior de nuestra mente y nuestro cuerpo durante cierto tiempo, y por eso adoptamos una postura más serena y comprensiva en la vida. Esto queda en nosotros, merodeando como si estuviera justo debajo de nuestro conocimiento consciente cotidiano.

Es muy fácil, en especial por la aceleración y el exceso de actividades e información en nuestra sociedad actual, perder la vigilancia que necesitamos para escuchar esa conciencia. Es muy fácil decirte a ti mismo que no tienes tiempo para meditar o qué tienes mucho que hacer. Por eso, cada vez nos damos menos cuenta de los beneficios que obtuvimos cuando "olvidamos" meditar durante un período prolongado. Entonces olvidamos que las mismas sutilezas y el hábito se interrumpieron, la conciencia se ha ido de nuestra mente consciente. Entonces creemos que, o la meditación no funciona o que estamos demasiado ocupados y que otras cosas tienen prioridad. Veremos más adelante en el libro, que podemos tener más tiempo para nosotros si incluimos la meditación en nuestra vida y que podemos hacer esas cosas que son tan importantes mucho mejor, si meditamos.

Entonces, con qué frecuencia medites es una elección personal y se adaptará y cambiará con tus circunstancias de vida conforme cambien estas. No debes forzarte a meditar y por última vez te diré, no te sientas culpable cuando no lo hagas. Nunca jamás, subestimes su valor. Recuerda, es un proceso sutil interno, no es tangible al instante. No puedes demostrarte sus beneficios excepto siendo tú mismo, ayudado y alentado por tu conciencia meditativa en todo lo que hagas. De este modo, tú estás "en meditación", no meditando, así que Buda estará contento contigo.

¿Cuándo?

Habiendo tratado "la frecuencia" de la meditación, cambiaremos al "cuándo". Esto en parte quedará determinado por las circunstancias de tu vida. Por supuesto, a los que trabajan por turnos, les será más difícil asignar un tiempo regular a la meditación. A los que les interese la meditación y tengan niños pequeños (¡o adultos!), les será más fácil cuando los niños no estén ahí o se encuentren dormidos. Hay muchos otros obstáculos que enfrentamos al decidir en qué momento es mejor meditar.

Como ya se mencionó, un momento habitual tal vez es lo mejor y más favorable para sacarle mayor partido a tus sesiones de meditación. En qué momento sea esto, dependerá de ti, además de las circunstancias de tu vida. Unas personas son más bien nocturnas, sintiendo que se animan en la noche, sin tener en cuenta en qué momento trabajen. Quizá sea mejor para estas personas, meditar cuando inicie este ciclo. Los que somos criaturas diurnas, podemos descubrir que nuestro mejor momento para meditar es cuando está amaneciendo. Aquí hay un elemento de prueba para cada persona.

He descubierto que un tiempo habitual, sin llegar a ser obsesivo al minuto, funciona mejor. Como lo dije antes, somos criaturas de hábitos. Mentalmente te adaptarás al tiempo que hagas tu meditación y tu mente consciente entregará su control con más alegría, como si supiera lo que está sucediendo y que no se trata de quedar extinta para siempre.

Físicamente, el reloj interno y constante de tu cuerpo, sabrá y esperará meditar cerca de la hora en que usualmente lo haces, una vez que te has acostumbrado a hacerlo. Por esto, en parte también podemos sentir y estar conscientes que no se están dando esos efectos y beneficios en las épocas que interrumpimos nuestra meditación.

En lo personal, mi rutina matutina asegura el porvenir de mi meditación. Esto es antes de desayunar, pero después de haber estado "levantado" una hora más o menos. Esto asegura que no esté arrastrando conmigo los residuos de mi sueño, sin embargo, es bastante temprano, así que no he empezado a pensar en mis negocios del día. Parece que este es el mejor momento para mí y sin duda le recomendaré esto a los que tengan una rutina de "9 a 5". Otros han descubierto que la hora del almuerzo es la oportunidad perfecta para la meditación.

Antes de seguir adelante, se debe mencionar la importancia de la alimentación y la digestión. Cuando los alimentos todavía se encuentran en nuestro estómago, hacen que nos sintamos muy pesados, y por eso, pretender entrar a un estado ligero de meditación y hacer que el cuerpo se relaje cuando está intentando trabajar, nos envía mensajes contradictorios. Por consiguiente, la concentración se hace difícil y esta es la piedra angular de muchas meditaciones. ¡De igual modo, un estómago vacío puede ser engañoso, porque tú mismo te estarás instigando con visiones de comida flotando en tu mente, cuando deberías estar meditando! Si meditas en la mañana, tu estómago pronto se acostumbrará a recibir la comida un poco después de haberte levantado.

Mientras seguimos en este tema, también se debe mencionar que no es recomendable meditar mientras hay alcohol en tu sangre. Le negaré la entrada a cualquier persona que asista a mis cursos oliendo a alcohol. Definitivamente es mejor evitar el alcohol por lo menos 12 horas antes de meditar. El alcohol enturbia el sistema y hace que estés menos perceptivo. Con eso estás haciendo que tu trabajo de meditación sea más difícil de lo que es y no puedes garantizar que los resultados sean producto de una mente que tenga una visión clara de la realidad. Esto mismo aplica con las drogas, legales e ilegales, aunque por supuesto mucha gente ha intentado experimentar con diversas substancias para realzar la experiencia. ¡Esto te lo dejo a ti!

Algo que merece un poco de atención al decidir en qué momento del día meditar, es el peligro de dormirse. Mucha gente piensa que el mejor momento para meditar es por la noche, siendo lo último que se haga, antes de irse a acostar, ya que entonces está más relajada. Sin embargo, el peligro es que simplemente te quedarás dormido. Aunque es cierto decir que en cierto grado, es obvio que el cuerpo necesita descansar y si la meditación induce a esto, es algo bueno, no es la respuesta óptima que se desearía o se obtendría de la meditación. La mente y el cuerpo estarán esperando el sueño y el descanso a la hora que lo acostumbran, no la meditación.

Las respuestas que se dan físicamente a estos mensajes inconscientes de la mente, hacen que su trabajo sea más lento y torpe. En la meditación, la mente está más relajada pero más alerta, consciente y receptiva. Una vez que se adquiere el hábito de caer dormido durante la meditación, es más difícil dejarlo, ya que es muy agradable hacerlo. Dormirse después de una sesión de relajación o de meditación da un sueño bueno y profundo, y para esas épocas en que esto se dificulta, incluí una técnica en el Capítulo 6.

Hay otras teorías que dicen que la tarde es la mejor hora para meditar, ya que la "energía" es más favorable en ese momento. El camino del Sol llega a su punto máximo, en calor, poder y efecto cuando está arriba de nosotros en el punto más alto del cielo. En qué momento sea esto, dependerá por supuesto del lugar donde vivas, pero una vez que se ha alcanzado este cenit, el efecto del Sol sobre nosotros no es el de estimular e incrementar, como lo es por la mañana. El Sol, siendo la fuente de la vida sin la cual no podríamos vivir, atenúa su fuerza después del mediodía y por ello tal vez es el momento más favorable para la meditación. La energía que recibimos del Sol está más en armonía con lo que deseamos lograr en nuestra meditación. Por supuesto, se puede aplicar este mismo argumento con el anochecer, porque una vez que el Sol se ha puesto se origina un tiempo mágico mientras pasamos del día a la noche y mucha gente encuentra que en ese momento está más sensible. Como puedes ver, existen muchas teorías y opiniones sobre la mejor hora para meditar. Las pruebas y tus propios sentimientos son la única guía verdadera para saber en qué momento es mejor para ti.

¿Qué usar?

Cuando estás haciendo tu meditación también necesitas tener un poco en cuenta tu vestuario. Esto no es únicamente por apariencia, sino por comodidad. Es vital que tú y tu cuerpo se sientan cómodos para permitirte que física y mentalmente te relajes completamente. Si estás usando ropa que limita tus movimientos o la capacidad para soltar tus músculos, entonces no podrás relajarte hasta el punto que sea necesario para estar en un estado de meditación.

Otro ejemplo de esto es intentar meditar usando una camisa y corbata, ya que esto provoca restricción alrededor del cuello, por muy buen corte que tenga la camisa. ¡Por supuesto esto se remedia fácilmente al aflojar la corbata y desabrochar el primer botón de tu camisa! Si acostumbras usar esto o algo semejante para trabajar, también tiene un efecto psicológico que debe tomarse en cuenta. Si tu hora de meditación es durante el día, en un descanso del trabajo, lo cual es bastante bueno, necesitarás decirte conscientemente que no tienes que representar a la hora de meditar, la personalidad de tu ser que trabaja. Encontrarás que el gozo y las respuestas que percibas en tu meditación estarán influidas por la parte de tu ser que trabaja. Es posible que percibas la necesidad de jugar y de libertad en tu meditación pero esto lo reprimirá fácilmente tu ser responsable, actuando de acuerdo con la mentalidad que adoptas mientras trabajas, del mismo modo que lo harías en ese momento. Así que, tómate tu tiempo para decirte que puedes soltar tu persona y tu actitud de trabajo y sólo ser tu mismo. Por supuesto, ¡descubrir cuál es tu verdadero ser, es suficiente alimento de meditación para una sesión muy buena y productiva!

Los que practican su meditación fuera de su entorno de trabajo, disponen de una flexibilidad mayor en el vestuario que pueden usar. Aquí el requisito obvio es evitar los pantalones apretados o la ropa ajustada de cualquier tipo, como se explicó antes. Las prendas sueltas pero cómodas son lo mejor, para que te sientas cómodo tanto mental como físicamente. También es importante asegurarse que tengas la temperatura adecuada. Al descender el ritmo cardíaco del cuerpo y las ondas cerebrales, lo cual ocurre con frecuencia durante la meditación, tiende a bajar la temperatura del cuerpo y estarás más sensible a cualquier leve enfriamiento o corriente de aire que pueda haber cerca de ti.

Por eso mucha gente se tapa con una cobija o sábana para practicar cada día su meditación. Además de asegurarte estar abrigado, esto tiene el beneficio adicional de darte algo parecido a un claustro materno, haciéndote sentir a salvo y confortado. Es muy bueno usar esto en la meditación porque entre más "seguro" te sientas es más probable que puedas permitirte sentir cosas más profundas y verdaderas. Esto da enormes beneficios en las meditaciones de sanación y el placer general de la experiencia de meditación. Sin embargo, algunos pueden sentir que una manta o cobertor los limita o los controla, entonces, igual que con todo lo de la meditación, debes descubrir lo que es adecuado para ti, que puede no serlo para otra persona.

Otra opción es tener varias prendas especiales o tal vez una túnica para meditar. Con el tiempo todo esto acumulará una "sensación" especial, ya que quedarán impregnadas con la energía o fuerza vital que transmites durante tus meditaciones. Esto ayudará a la efectividad y la claridad de lo que sientes. También tendrá un efecto psicológico la túnica o ropa especial. Esto sucederá cada vez que te pongas esa ropa. Tu mente subconsciente en poco tiempo sabrá que cuando tus ojos vean la ropa y tu cuerpo la sienta, es tiempo para meditar. Por eso estará listo y dispuesto, lo cual no siempre será, para dejar que te relajes profundamente y accedas a la información de sus sombrías profundidades.

Esto mismo puede hacerse con una manta especial, o hasta sosteniendo en tu mano o en el bolsillo un pedazo de tela o pañuelo en particular, que asocies por algún motivo con la meditación. Esto va más allá del hábito infantil de la manta de seguridad, aunque esto puede ayudar y tendrá el mismo efecto psicológico que el uso de las mismas prendas de vestir. Si adquieres este útil hábito, ten cuidado con lo que hagas con tu túnica o ropa cuando no estés meditando. No debe dejarse tirada con otras cosas para que las tomen otras personas o absorban residuos de los efectos cotidianos, sean o no positivos, ya que esto le eliminará la luminosidad de este fin y le quitará su sensación especial y reservada que te da cuando intentes usarlas. Es una buena idea comprar ropa especial, que siempre se use sólo con este propósito y que después se guarde en su propia bolsa o en el guardarropa, etc. Nuevamente, debes tomar tus propias elecciones y decisiones aquí, pero recuerda que todas estas cosas no son necesarias o vitales para que medites eficazmente, pero pueden ayudar y puedes sacar algún provecho y gozo de ellas.

Un último punto que se menciona con respecto a la ropa, tiene que ver con el calzado. Usualmente es mejor eliminar cualquier calzado, por cómodo que pueda sentirse, ya que siempre es un elemento de restricción en los pies, lo cual evitará la relajación adecuada. Como veremos esta es una parte importante en el proceso para meditar. Al no permitir que los músculos de los pies se relajen totalmente, estás impidiendo que el flujo de la fuerza vital baje, lo cual, cuando lleguemos a explorar la técnica esencial de meditación de arraigo y conexión, veremos que es vital. Así que estés donde estés, quítate los zapatos.

¿Dónde?

Otro tema que necesita tomarse en cuenta es el sitio donde se practicará la meditación. Una vez más, hay efectos físicos y psicológicos que surgirán por la elección del lugar. Esto en parte estará determinado por la alternativa de sentarte o acostarte para practicar tu meditación y tu elección obviamente tendrá un efecto en el sitio para meditar. Es perfectamente aceptable acostarse para meditar y a medida que avancemos, veremos que algunas técnicas se hacen mejor de este modo. Otras se realizan mejor sentado y discutiremos la postura exacta en breve.

Si eliges estar acostado para meditar, necesitarás tener en cuenta dónde será esto. Si decides que la cama es el sitio para ti, entonces debes tener mucho cuidado de no dormirte. Debo decir que por atrayente que esto pueda ser, no es aconsejable meditar mientras se esté acostado en la cama. Si deseas acostarte, el suelo es un sitio tan bueno como cualquier otro, tal vez colocando una manta debajo de ti, únicamente para dar un poco de blandura. De hecho, la dureza del suelo puede ser benéfica para la meditación. A medida que relajas tu cuerpo, cuando entras a un estado de meditación puedes dejar que la solidez y la firmeza del suelo sostengan tu cuerpo, reconociendo la seguridad de esto en tu mente. Sólo este hecho puede ser una meditación, dejando que tu cuerpo se vuelva totalmente liviano y dejando que el piso te soporte realmente. Entonces puedes seguir con la sensación de hundirte en el suelo y ver qué encuentras ahí abajo. Cuando termines, regresa a la superficie.

Los sitios y las habitaciones adquieren su propio ambiente y sensación, dependiendo de lo que suceda en estos en un período prolongado. Por ejemplo, es muy raro que alguien elija meditar en la cocina, simplemente porque podría parecer o sentirse que no es adecuado. Esto es, porque este lugar es de trabajo y actividad, y aquí el ambiente refleja esto. No es lugar para una reflexión tranquila y silencio. Ni tampoco lo es la recámara ideal, porque este lugar es para dormir y descansar. Como veremos, este no es el único motivo para meditar y, psicológicamente, el efecto de intentar relajarse para la meditación en la recámara, le dirá al cerebro que es tiempo para desconectarse y dormir un rato. En meditación, el estado ideal es un cuerpo relajado, libre de tensiones y actividad y una mente que también esté relajada, pero alerta y receptiva en un nivel profundo. ¡No puedes estar así si estás dormido!

Es muy conveniente tener un lugar permanente como tu espacio para meditar o, tal vez, tu silla para meditar. Esto adquirirá su propio ambiente reducido que te ayudará a hacer el cambio a tu ser meditabundo y a tu conciencia cada vez que vengas a meditar. Después puedes añadirle un cuadro favorito que para ti represente la meditación, o quizás una estatua, piedra o un objeto de la naturaleza que te guste. Es posible que desees encender una vela cada vez que empieces tu meditación, como yo lo hago. Esto simboliza para mí, la tranquilidad y el silencio de este momento, la luz natural de la flama crea un aspecto y una sensación agradable si está obscuro. Para mí también representa la presencia del Espíritu, tanto en mi interior como en el exterior, que me hace sentir más cerca y consciente de él en la meditación. También para el cerebro es una buena señal psicológica de que es la hora de meditar.

La alternativa obvia de estar acostado es estar sentado en una silla, pero también es importante la elección de la silla. El mejor tipo de silla para la meditación productiva, en la tradición y el estilo Occidental, es una silla tradicional de comedor, que tenga un respaldo alto y vertical, que te permita sentarte derecho y con tus pies firmes en el suelo, de modo que tu peso lo sostenga la silla, no tus piernas o tus pies. Para las almas más modernas, ahora hay unas sillas plegables que permiten tener una posición parecida a la que se describió antes.

Tal vez los que estén más acostumbrados a ello, pueden encontrar que el mejor lugar es en un cojín, sentados con las piernas cruzadas. Estar en contacto con la Tierra puede ser agradable para ti, y la suavidad del cojín ser acogedora. Esto está bien, pero asegúrate que en verdad puedas relajarte físicamente de esta forma.

Es posible que en tu casa tengas un sitio en particular para sentarte y relajarte que sea tu lugar favorito, puede ser cerca de una ventana junto al jardín o en un balcón, debajo de tu pintura favorita, junto al fuego o donde sea. Esto puede hacer que ese lugar fácilmente se vuelva tu lugar para meditar, y puedas hacer buen uso de la conciencia y la sensación de comodidad y relajación que ya existen cuando estás ahí. Es posible que quieras probar con diferentes lugares y te recomiendo que hagas esto hasta que encuentres un lugar cómodo que parezca adecuado para trabajar. Una vez que se ha hecho esto, apégate a este. También podrías intentar meditar en el exterior, quizás recargándote contra el tronco de un árbol (sé educado y primero pídele permiso al árbol y agradécele después). Puede ser una experiencia totalmente diferente y maravillosa meditar al aire libre, tal vez en la puesta del Sol y observar la diferencia de los colores cuando tienes tus ojos cerrados y abiertos.

Recuerda que si pretendes meditar en el exterior, la Tierra no siempre es tan cómoda como tu silla acojinada, lleva algo suave para sentarte si piensas que lo puedes necesitar.

Aquéllos que tienen una situación más afortunada podrán destinar una habitación completa para relajarse y meditar, y quizás también para otras terapias. Ahí se sentirá en poco tiempo muy diferente al resto de tu casa, adquiriendo su propio ambiente y "energía" especiales. Entonces es bueno arreglar la habitación con objetos naturales y cuadros que sientas que expresen lo que puedes obtener en tu meditación. En esta habitación puedes sentirte seguro y con la libertad de ser tú mismo, como realmente eres, sin el temor de que otros te vean o lo sepan, si no lo deseas. Este es un beneficio inmenso al ingresar a los niveles más profundos de tu ser interno para que te ayude en tu camino por la vida.

Muchas de las situaciones y los lugares descritos son ejemplos y seguramente no toda la gente que le gustaría meditar puede tenerlos. Es perfectamente aceptable meditar en donde desees, mientras estés cómodo y relajado. Por favor, considera todo lo anterior sólo como recomendaciones e ideas para ayudarte a que saques el mayor provecho de tu meditación, pero de cualquier modo no te desanimes si no puedes elegir ninguna de estas. Simplemente adáptate a tus propias circunstancias y decide dónde, cuándo y cómo es mejor para ti.

Postura

Ahora analizaremos el tema tan discutido de la postura en la meditación, antes de examinar las mismas técnicas, presentes en el siguiente Capítulo. Este es un tema que provoca gran consternación entre los practicantes y los maestros de meditación, pero para que la meditación sea efectiva, lo único que necesitas es encontrar una posición en la que puedas relajar por completo tu cuerpo y sea la que sea, funcionará para ti. Sin embargo, es posible que no le funcione a otra persona, ya que la meditación es un arte personal. Así que una vez más, por favor considera lo que se está ofreciendo aquí únicamente como propuestas que pueden ayudarte a encontrar lo que sea más adecuado para ti.

Cuando pensamos en la postura, regresa a atormentarnos la imagen tradicional de la meditación. Casi toda la gente supone que debes estar en la posición de loto que se conoce, sentado con tus piernas cruzadas, los pies encima de tus muslos, índices y pulgares tocándose y las manos descansando sobre tus rodillas. Esta es una postura de meditación antigua que funciona maravillosamente bien, pero sólo para los que pueden sentarse de ese modo cierto tiempo, sin que le den calambres en las piernas, se tuerza el cuello o la espalda o se le corte la circulación en sus pies. Es necesario entrenarse para hacer esto correctamente, para que sea viable en la meditación. Los que están entrenados así en Occidente son relativamente pocos, comparado con los que realmente meditan.

Nosotros en Occidente, en gran parte crecemos sentándonos en sillas, en vez de hacerlo en el suelo y por ello nuestro cuerpo no está acostumbrado a sentarse en esas posturas, como la posición de loto. Por consiguiente, cuando intentamos hacer esto, encontramos que hay mucha tensión en nuestras rodillas, ya que los músculos se estiran mientras forzamos nuestros pies en esta posición. Por consiguiente, a menos que practiques yoga u otra disciplina semejante, es probable que si intentas sentarte de este modo, descubras que no te funcionará. De todos modos, inténtalo, pero ciertamente no sientas que esta es la única forma y debes dominarla. Hay un método en particular para adoptar esta postura, que se te debe enseñar si deseas usarla. Como yo no utilizo las técnicas Orientales de las cuales proviene esta postura, yo mismo no la utilizo.

La posición normal para la meditación Occidental, que ahora ha sido ampliamente aceptada, es sentado en una posición relativamente recta en una silla con respaldo. He descubierto que es evidentemente favorable para tener una buena meditación profunda y se adapta a las técnicas usadas en el enfoque Occidental de meditación. Tus pies deben estar descansando en el piso, así que necesitas asegurarte que tu silla tenga la altura adecuada para que te permita hacer esto. Tus manos deben descansar sobre tu regazo o preferentemente a lo largo de la parte superior de tus piernas. Es mejor que las palmas estén hacia abajo en casi todas las técnicas. Esto evita que tu propia fuerza vital o energía, que muchas veces se estimula durante este tipo de meditación salga al exterior. En las palmas de las manos hay pequeños centros de esta energía, que muchas veces se abrirán durante la meditación, dejando que la energía salga a través de ellas. Si las manos están con las palmas hacia abajo, es menos probable que suceda esto y si lo hace, ¡la energía regresará por tus piernas! Si vas a practicar una meditación de sanación para ayudar a alguien, es mejor invertir la posición de las manos, esto se indicará claramente en el libro, donde sea necesario.

Como en meditación muchas veces está involucrado el movimiento, la dirección y el flujo energético de la fuerza vital, debemos asegurarnos que sea la mejor oportunidad para que suceda esto durante nuestra práctica cotidiana. La boca es un área donde hay una interrupción del flujo natural de esta energía en el cuerpo. Para superar esto, es bueno colocar la lengua de modo que descanse en el paladar superior de tu boca. También encontrarás que esto significará que no tienes que pasar a cada rato la saliva que se acumula en tu boca, que puede distraerte. De este modo, la lengua crea un puente para que la energía se desplace por tu boca, completando de esta manera el enlace necesario alrededor de tu cuerpo. De cualquier modo encontrarás que esto se hace por instinto natural y que es cómodo.

Intenta encontrar una posición sentado donde estés en el centro, en equilibrio, antes de adentrarte a tu estado meditativo. Esto se puede encontrar inclinándose ligeramente hacia cada lado y hacia atrás y adelante para encontrar dónde se siente la posición más cómoda y balanceada para ti. Es necesario que se haga esto cada vez que te sientes, pero sólo te toma un momento. Esto evitará principalmente el acontecimiento fastidioso y potencialmente peligroso de que tu cabeza quede colgada mientras estés en meditación.

Si estás adormilado o cansado antes de meditar, puedes descubrir que los músculos de tu cuello se relajan tanto, que no puedes apoyar adecuadamente tu cabeza y a menos que esté perfectamente equilibrada se inclinará. ¡Tus nervios reaccionarán automáticamente con esto y regresarán bruscamente tu cabeza a su sitio, posiblemente después de que te hayas golpeado la cabeza en la pared o en el árbol detrás de ti! Por este motivo es bueno tener una silla con el respaldo recto y alto, ya que tu cabeza entonces queda apoyada en la posición recta requerida. Si no tienes este tipo de silla, entonces será conveniente el ejercicio de equilibrio mencionado antes. Si estás cansado también podrá ser difícil detener esto, en ese caso, duerme, no medites, porque eso es lo que necesitas.

Mientras seguimos en el área de la cabeza dirijamos nuestra atención a los ojos. Casi toda la gente supone que es necesario cerrar los ojos mientras se medita y en gran parte tienen bastante razón. Sin embargo, algunas personas encuentran que tenerlos en esta posición no los relaja mientras están concentrándose y prefieren tener los párpados ligeramente abiertos, con la mirada y los párpados hacia abajo. Esto funciona bien, siempre y cuando no centres tu atención en lo que están viendo tus ojos y no registres la impresión en tu mente, ya que esta necesitará estar libre para hacer otras cosas. Si cierras tus ojos tampoco los fijes, porque descubrirás que una posición desenfocada será más fácil y relajante para los músculos de tu cara. No es necesario intentar hacer algo mientras estás meditando, incluyendo ver más detalles de tu visión interior. Relájate y deja que las cosas te lleguen, como sucederá con toda seguridad. Manten tus ojos descansando como si vieras al frente, sin ver nada fijo.

La última área de la cara a la que se presta atención es tu expresión. La posición más relajada y natural de la cara es con una ligera sonrisa, con el estilo de la Mona Lisa.

Esta es una posición simple y natural de los músculos de la cara y evita que frunzas el ceño mientras estés en meditación, algo que probablemente no comprendas de inmediato ni su importancia. Se requieren menos músculos para sonreír que para fruncir el ceño, ¡entonces aligérate la vida! Una vez que adquieras la agradable sensación de la meditación, de todos modos sentirás que quieres sonreír, ¡y hasta descubrir a qué le estaba sonriendo la Mona Lisa!

También es preferible tener un respaldo recto mientras meditas. El problema que se debe evitar aquí, es pensar que debes mantenerte rígido y te pongas tenso o duro y nunca puedas relajarte realmente. Por ese motivo no hago mucho hincapié en que mis estudiantes adopten la postura "correcta". Es mejor mantener tu espalda recta para permitir que la energía de la fuerza vital fluya perfectamente por tu cuerpo.

Ya se ha mencionado mucho el término "energía" y se seguirá usando en todo el libro. Su definición y significado exactos en breve se aclararán, cuando sea necesario. Así que manten la espalda recta, pero no te preocupes demasiado por esto. Nuevamente, descubrirás que en cuanto hayas establecido el centro de equilibrio en tu posición, este será más fácil y natural para ti.

Para finalizar con el tema de la postura, hay algunas cosas que "no se hacen", para agregarle a la lista de lo que "sí se hace" de arriba. Debes evitar cruzar tus brazos porque esto interrumpe el flujo de esa misma energía y también es un gesto agresivo, no es favorable para la meditación. Cruzar las piernas (a menos que sea en la posición de loto o algo semejante) también tiende a hacer corto circuito en el flujo de tu energía y en poco tiempo será incómodo para ti.

Distracciones

Mientras se trabaja con el cuerpo físico en relación con la meditación, debemos mencionar algunas distracciones comunes, como la tos y la comezón. Estas son algunas obras de la mente consciente, cuando intentamos entrar a un estado meditativo. Cuando hacemos esto, no estamos usando la mente consciente, que día tras día, controla nuestros pensamientos y nuestras acciones resultantes. Cuando le decimos que no la necesitamos durante un rato, muchas veces se aterra porque piensa que va a ser olvidada y perderá el control. Entonces, cuando empezamos a relajarnos y soltamos el control consciente, y luego nos concentramos únicamente en nuestra respiración, dejando que se vayan nuestros pensamientos, de repente tenemos el impulso de toser o de rascarnos en alguna parte.

Muchas veces sucede esto porque la mente consciente inventó una picazón o comezón, o lo que sea, para recordarnos que, después de todo, la necesitamos. En esta situación lo mejor es simplemente toser, rascarse, estornudar o lo que sea y después regresar a tu meditación. No sirve de nada estar ahí sentado intentando no toser o rascarse, más que para estar más tenso que cuando empezaste. Tu mente consciente en breve se acostumbrará a la idea y aceptará que su permanencia no está amenazada y la picazón cada vez será menos frecuente y,, finalmente, desaparecerá. Entonces, puedes seguir con el asunto de la meditación.

Es posible que tu mente consciente intente otros trucos para evitar su pérdida u olvido mientras te desvías y meditas. Por el temor que tenemos en nuestra mente de que perderemos el control cuando entremos en meditación, encontramos pensamientos tan entretenidos. Es como si la mente consciente nos recordara que aún no hemos decidido qué vamos a cenar, qué usar ese día para el trabajo, qué película queremos ver a las 9 p.m., qué debemos decirle a Fred sobre el juego de la noche anterior, etc.

Cuando recibes estas distracciones, como sucederá con seguridad cuando medites, la mejor política es simplemente admitir lo que has estado haciendo en vez de concentrarte en tu meditación y regresar a tu concentración. Necesitarás asegurarte que no te sientas mal o culpable cuando te atrapes haciendo esto y date cuenta que todos hacen esto en cierto grado. Tu mente se acostumbrará a estar tranquila, pero esto requiere de paciencia y tiempo. Persevera y pronto llegará tu recompensa. Todavía seguirás encontrando que un pensamiento ocasional llegará a tu mente cuando estés en medio de una maravillosa visión de extensas playas con arena dorada y cálidos rayos del sol. Admite que dejaste el tema de tu concentración y no te quedes atado a ningún pensamiento. Cada vez que empieces a hacer tu meditación, el método es dejar libres tus pensamientos conforme llegan para que no se alojen en tu mente. Simplemente están pasando, llegando y saliendo sin afectarte realmente.

De este modo, eliminas cualquier enlace que tengas con tus pensamientos y tu mente consciente y puedes observar más profundamente en ti mismo. En este nivel más profundo es donde pueden alcanzarse y evaluarse más fácilmente tus verdaderos pensamientos y sentimientos. Al usar la técnica Zen, más bien de desprendernos de nuestros pensamientos y también de nuestros sentimientos, podemos darnos cuenta quiénes somos en un nivel más profundo interno y entonces adquirir un conocimiento mayor y una respuesta más profunda de ello.

Hay otra distracción común en la meditación, que debemos prestarle atención antes de empezar: el ruido. Es muy raro encontrar un lugar que sea tranquilo en nuestra sociedad moderna. Puedes pensar que si vivieras en el campo todo sería tranquilo, pero probablemente hay más ruido allí que en ningún otro sitio, ya que los sonidos de la naturaleza están por todos lados. Es cierto que estos pueden ser más agradables que las puertas de los coches cerrándose y las sirenas de los vehículos de emergencia, pero un pájaro piando, aparentemente justo en tu oreja, precisamente cuando entras a un estado profundo de relajación tan necesario, es suficiente distracción.

A menudo el mismo silencio distrae a mucha gente. Una vez que consiguieron encontrar unos minutos de silencio en su día para relajarse, entonces encuentran que el silencio genera un sonido sordo propio, el cual sirve solamente para dejarlos escuchando mil y un cosas que zumban en su cabeza. Así que no creas que debes tener un silencio absoluto para meditar. La casa más tranquila en el pueblo más silencioso también tiene ruidos, sean pisos de madera o paredes que rechinen, llaves que gotean, aparatos eléctricos zumbando o simplemente el viento o la lluvia en el exterior. Por supuesto, los que estamos en el centro de un pueblo grande o ciudad, debemos agregarle a esta lista, las puertas de los coches y los motores, gente gritando en la calle, música del vecino, etcétera. Todo esto sirve para hacer que el silencio sea algo difícil de conseguir.

La misma naturaleza de esos ruidos que distraen puede ser molesta si estás intentando meditar o relajarte. Esos ruidos son muy desagradables para el oído una vez que los has identificado y es muy difícil, hasta para el meditador avanzado, sólo ignorarlos. Una manera es disfrazar los ruidos a tu alrededor tocando un poco de música suave. Esto aleja el conocimiento no expresado, que debes estar en silencio en este momento y le da al oído algo agradable para concentrarse sin entrometerse en tu concentración de meditación.

Otro método de enfrentar el ruido que distrae, es usando la técnica de la identificación del sonido por lo que es y después seguir con la meditación, es parecido al método que se usó para la picazón, etc. Al reconocer momentáneamente que lo que escuchas es un coche, niño, música, etc., entonces puedes olvidarte de ello. Una vez más, encontramos el principio de que cualquier cosa que experimentes desaparecerá. El simple hecho es aceptar que puedes escuchar un ruido, identificarlo si puedes o quieres y después seguir adelante. Ahora ya no habrá necesidad de que tu mente identifique el ruido, es como si no estuviera ahí. También descubrirás que usar este método te servirá para hacerte más sensible a tu entorno y a lo que está sucediendo ahí y también más receptivo.

Asimismo puedes descubrir que tu sensibilidad a la interrupción repentina o a un ruido con volumen alto se incrementa, pero recuerda que igualmente deberás estar más relajado como persona debido a tu meditación, ¡de ese modo puede ser que no te moleste tanto como pienses!

Ahora debemos regresar al tema de la música que mencionamos antes brevemente. La elección de la música es importante y obviamente es una preferencia personal. Evidentemente, no se debe escoger música fuerte o rápida, sea clásica o rock. Ahora hay mucha música disponible, que pretende ser música de meditación o de relajación. Mucha de esta música puede ser relajante al escucharla y muy agradable, pero esto no necesariamente hace que sea adecuada para meditar con ella o hasta relajarse adecuadamente.

Lo ideal es que tu música de meditación, si es que la usas, sea continua sin interrupciones para iniciar nuevas piezas. No debe tener ruidos bruscos, de platillos o tambores estridentes, etc., que pudieran provocar que saltes o te asustes. La música debe tener un ritmo lento y necesitas sentir que tiene un efecto calmante y pacificador sobre ti, no que te ponga emotivo. Si respondes a la música con demasiada emoción, en el sentido de que te conmueva, encontrarás que tus experiencias estarán teñidas durante la meditación por las emociones que estás sintiendo, inducidas por la música.

Asimismo, necesitas asegurarte que la música dure el tiempo suficiente para que puedas entrar totalmente en la meditación, sin tener que pensar en absoluto en la terminación de la música. Muchas reproductoras de cintas actuales tienen un sistema automático que hace que la máquina se apague sola cuando se termina la cinta. Usualmente hacen esto con un chasquido fuerte. Cuando estás profundamente relajado es sorprendente lo desconcertante que pueden ser esos ruidos y un inicio como este en la meditación es bastante desagradable.

Mientras seguimos con este tema, quizá sea sensato mencionar que no es prudente que alguien te sacuda para sacarte de tu meditación. Si tienes niños, cerciórate que no haya probabilidad de que te sacudan mientras estás meditando. De igual modo, si tienes animales por ahí, asegúrate que no hagan lo mismo. Un susto o un sobresalto severo como este, puede de hecho ser peligroso. Si recuerdas la sensación que tienes cuando te despierta repentinamente un ruido cercano muy fuerte y lo amplías muchas veces, te indicará cómo se siente un acontecimiento así durante la meditación. Esto provoca que el corazón brinque al azar y si estás meditando para relajarte ¡este no es el efecto que quieres!

En una advertencia muy seria, si estás tan avanzado en la meditación que puedas salir de tu cuerpo consciente o de otra manera, un susto como el que se mencionó antes podría provocar que regreses a tu cuerpo de golpe, lo cual en el mejor de los casos puede causar contusiones y en el peor de los caos un ataque mortal al corazón.

Por lo tanto, si vives en una casa compartida o algo parecido, cerciórate de que los demás ocupantes sepan que no se te debe molestar mientras estés meditando. Fácilmente se puede colocar un letrero que diga "No Molestar" si no quieres que ellos sepan lo que estás haciendo, o decirles que vas a dormir.

Otra distracción obvia que se debe tratar es el teléfono. Lo más sencillo es desconectarlo — ¡problema resuelto! Si necesitas estar disponible, entonces la respuesta es una contestadora. Si es así, cerciórate que puedas bajarle el volumen a la máquina para que no escuches cuando suena o el chasquido. Si sabes que alguien te está llamando, es muy probable que quieras saber quién es y para qué y fácilmente podrías pasar el resto de tu meditación pensando en esto. Si alguien te necesita, volverá a llamar pronto y de cualquier modo es posible que sea bueno para ti y para los demás ¡que no estés disponible todo el tiempo!

Ayudas para la Meditación

Habiendo examinado algunas distracciones e impedimentos para una meditación fructífera, observemos ahora cómo podemos ayudarnos y examinar algunas ayudas de la meditación. Aunque es cierto que mucho de lo que se da a continuación puede considerarse como una parafernalia de la meditación e innecesario, también puede ser útil. Considera esta ayuda simplemente como eso y que no es vital para que puedas tener éxito meditando. Sin embargo, si algo puede ayudar y no es dañino, ¿entonces por qué no usarlo?

Necesitas tener en cuenta la iluminación cuando estás meditando en interiores, ya que esto puede tener un efecto marcado en tu habilidad para relajarte, así como para tu percepción interna. Los interruptores de luz con regulador de intensidad pudieron haberlos inventado pensando en los meditadores, porque permite ajustar la intensidad de la luz precisamente al gusto. Algunas personas descubrirán que la oscuridad total es desagradable y hasta amenazadora y por eso les gusta tener un poco de luz, mientras que otros encuentran que únicamente la luz más tenue es aceptable. El interruptor de intensidad de luz atiende todos los gustos perfectamente.

También puedes intentar con lámparas y focos de diferentes colores o potencias, para que te den la graduación y el tono de luz que desees. Una luz tenue es mucho más favorable para dejar que tus ojos se relajen, aún con tus ojos cerrados todavía percibirás una luz exterior general.

También ten en cuenta la luz del sol, ya que es particularmente brillante, tal vez más, sin partes de la capa de ozono, así que no te sientes de cara al sol. Si lo haces, estarás provocándote un despertar desagradable cuando abras los ojos después de la meditación.

Quizás el tipo de iluminación más efectivo y agradable para la meditación sea la luz de la vela, como ya lo mencionamos previamente. Realmente no hay nada que substituya la llama viva, sin protección, y el ambiente que esta crea.

Fácilmente puedes variar la graduación de la iluminación agregando o quitando la cantidad de velas que uses, pero encontrarás que en una habitación de tamaño normal usualmente es suficiente una sola vela. Podrías tener encendida una vela únicamente durante tu meditación, lo cual hará, que sea un momento especial para ti.

Por favor, cerciórate que un niño o un animal, no vayan a golpear tu vela durante la meditación o ¡podrías recibir un bautizo de fuego indeseable! También asegúrate que tu vela esté lejos de corrientes de aire o cortinas, o de algo que sea inflamable. Es mejor tener a la mano una manta o un extintor si estás usando velas con regularidad y sepas como apagar un fuego tú mismo. La regla con las velas es que nunca puedes ser demasiado precavido.

El olfato es un sentido muy poderoso al que respondemos a un nivel instintivo, que se puede aplicar en la meditación.

Si tienes aromas de comida que salen de la cocina mientras estás meditando es probable que pienses únicamente en lo hambriento que estás durante el tiempo asignado. Igualmente el humo de los coches puede entrar a tu habitación o el humo del cigarro, así que es bueno tener algo que disimule estos olores indeseables. El incienso o los aceites aromáticos es la respuesta aquí y puedes utilizar sus efectos para ayudarte.

Cuando quemas aceite aromático o incienso, el olor provoca reacciones en tu cerebro que libera varios fluidos hormonales en tu cuerpo, lo cual tiene un efecto físico en tu sistema y cómo te sientes, etc. Por lo tanto, es mejor elegir un aceite o incienso que tenga un efecto relajante o expansible en tu cuerpo y en tu mente, respectivamente. La mirra aquí es la fragancia por excelencia. Está disponible como aceite o incienso y tiene un aroma muy fuerte que hará el trabajo requerido con más eficacia. Esta fragancia será conocida por muchos asistentes a la iglesia, por el incienso que se usa ahí en los incensarios que se balancean, precisamente por el mismo motivo anterior.

Por supuesto, el aroma es algo personal y necesitarás probar con otras fragancias, igual que con las cantidades, para encontrar lo que sea adecuado para ti. Mi única recomendación es que te asegures que el aceite o el incienso que uses sea puro y de una fuente respetable.

Evita cualquier mezcla o elaboración sintética, ya que estas no contienen las propiedades que tienen las puras, y de ese modo tu cerebro no responderá ni liberará los químicos en tu cuerpo.

Por supuesto, puedes usar fragancias especiales para ayudar a la técnica particular de meditación que estés usando. Por ejemplo, si usas la Meditación para Dormir que se da en el libro, la Lavanda será una ayuda excelente para ayudarte a dormir. Después de un recorrido por un bosque, por ejemplo, podrías querer tener el aroma de los pinos cerca de ti, mientras te imaginas que caminas entre los rayos del sol, que entran a través de los altos pinos que dirigen tu camino.

Puedes llegar hasta el final y obtener grabaciones que sean de los sonidos de un bosque, o de olas en la playa, etc. Estas pueden ayudar, pero asegúrate que recuerdes la realidad de lo que estás experimentando.

Estas jornadas de meditación no son un ejercicio para escapar y lo que experimentas es real, de hecho más real que lo que estás viendo ante ti.

Después de la Meditación

Cuando hayas terminado tu meditación, debes prestarle atención a unas observaciones, por seguridad y para sacarle un mayor beneficio a lo que has hecho, y ahora las veremos.

Es común y bastante normal sentirse un poco mareado o atontado, dependiendo de la técnica que uses cuando salgas de tu estado de meditación. Se menciona más sobre esto, en la técnica de arraigo y conexión del Capítulo 3. Por este motivo, no te levantes de inmediato después de que abras tus ojos. ¡Hay muchas probabilidades de que rápidamente regreses al piso otra vez!. Date tiempo para adaptar tus sentidos, los seis, para volver a tu habitación o donde te encuentres. Voltea a todos lados, a las paredes y a tu propio cuerpo. Toma tu tiempo para respirar normalmente otra vez y haz una o dos respiraciones profundas antes de moverte. Después, cuando ya estés listo, levántate lentamente y asegúrate de que tus pies estén firmes antes de moverte.

Es bueno comer un bocadillo ligero o beber algo, cuando hayas terminado tu meditación. Esto ayuda a regresar tu atención al cuerpo y al mundo real y tangible a tu alrededor. La acción de hacer que tu cuerpo digiera alimento o líquido, es buena para hacer que esta impresión sea clara para la mente y el cuerpo.

Hará que tus reacciones sean más lentas, las cuales pudieron haberse acelerado mientras meditabas. Existe el peligro de que el mareo que podemos sentir en la meditación se convierta en el motivo para hacerla y después deseemos permanecer en este estado permanentemente. ¡Nació otro flotador!

Cuando empiezas puede parecer innecesario seguir estas prácticas, porque puedes sentir como si no estuviera sucediendo nada, así que no es necesario atravesar por este lío cada vez que medites. Pero somos criaturas de hábitos y entonces adoptar buenos hábitos ahora, evitará que después tomes malas costumbres, que son más difíciles de romper. Por eso, toda esta información se da al principio del libro. También hay procedimientos de seguridad, porque en cuanto hayas podido entrar a un estado profundo de meditación, que las técnicas en este libro te permitirán hacerlo, es más importante que sepas cómo salir por completo de ese estado y de regreso al mundo cotidiano, donde se pretende que apliquen los frutos de tu meditación.

De este modo, tu meditación se convierte, como debiera ser, en una jornada a través de una puerta de tu conciencia o conocimiento, que abres al entrar y cierras al salir.

Precisamente por este motivo, es bueno tener una libreta de apuntes en la que puedas registrar tus experiencias de meditación. Esto puede parecer una lata, pero tiene muchos beneficios. Nuevamente, algunas cosas se convertirán en un hábito que no tienes que pensar para hacerlas cada vez que meditas.

Es mejor tener la libreta a la mano junto a ti, para que puedas registrar por lo menos unas cuantas líneas rápidamente en cuanto regreses de tu meditación. Las experiencias de meditación pueden parecer sueños en ese aspecto y, de hecho, el sueño consciente es una descripción adecuada de muchas meditaciones. Esto es porque lo que experimentamos sucede en un nivel más profundo de nuestra mente y nuestra conciencia, más que en el nivel consciente cotidiano. Entonces, cuando vamos regresando podemos pensar, mientras nos encontramos a medio camino entre la meditación y la conciencia cotidiana, que recordaremos todo sin ningún esfuerzo. Pero una vez que hayas abierto tus ojos y regreses por completo a tu habitación y a tu cuerpo, es probable que descubras que ya no puedes recordar algunos detalles pequeños que significaban tanto en la meditación. Así que, igual que con los sueños es bueno tener una libreta junto a la cama, escribe tus experiencias de la meditación después de que regreses, lo más pronto posible.

No es necesario que sea toda una redacción para cada meditación. Cuando mucho deben ser sólo unas cuantas líneas o un par de frases. Anota qué meditación hiciste, si hay algo específico, en qué momento, cómo se sintió y qué sentiste cuando saliste de esta. De este modo tienes un diario conciso de tus meditaciones, que es una manera excelente de mostrar tu progreso. Recuerda que los efectos de la meditación son sutiles y generales, así que es probable que tú no adviertas nada. Si puedes volver a ver tus anotaciones, te puede dar una perspectiva que de otro modo no tendrías. Asimismo, si tienes sólo una breve introducción para cada meditación es mucho más probable que vuelvas a leerla, que si sabes que tienes que leer un montón. También es una buena manera de hacer que conscientemente te des cuenta de lo que has obtenido de tu meditación hasta ese momento.

El beneficio y los efectos de la meditación pueden ser muy precisos en cierto momento, así como graduales durante un tiempo prolongado, así que hacer un diario de anotaciones breves te ayuda a saber cuáles son.

¿Con quién?

La meditación puede ser una experiencia de grupo o aislada. Mucha gente combina ambas, asistiendo a un grupo regularmente y realizando en privado sus propias meditaciones entre las reuniones. Ya mencioné que animo a mis estudiantes a que establezcan un hábito diario de meditación ellos solos, o quizás con una pareja. Así que, ¿cuál de ellos es mejor?

Esto depende en gran parte de como seas y de lo que puede estar sucediéndote en la vida en un momento dado. Si eres el tipo de persona que te sientes bien con tu propia compañía y te sientes incómodo en presencia de otros, obviamente preferirás la meditación aislada. Aunque en tu soledad reflexiona, por qué puede ser así. Igualmente, si encuentras que los ruidos inevitables de aclararse la garganta, respirar por la nariz, ruidos en el estómago y cosas semejantes, que sucede en cualquier grupo, te molestan, puedes descubrir que el grupo de meditación sirve únicamente para aumentar tu nivel de tensión, no para hacerla más controlable. Puedes ser del tipo de persona que si se te deja con tus propios mecanismos, rara vez, si es que hay alguna, salen para establecer la disciplina necesaria para la meditación individual, pero una vez instalado en un grupo, eres el que trabaja más duro. Puedes descubrir que saber que hay otras personas meditando en la habitación, siempre te impulsa a una meditación más profunda que la que puedes lograr por ti mismo. Hay muchas razones para que ambas situaciones sean "mejores" y debes por lo tanto, decidir por ti mismo cuál te funciona a ti.

Algo que la experiencia te mostrará es que la meditación en grupo es diferente a la meditación individual. Mi experiencia me ha enseñado que esto es porque es más fácil concentrar tu mente en un tema disponible, cuando en tu interior sabes que otros están haciendo lo mismo. Cada uno ha hecho el mismo sacrificio para reunirse y, por lo tanto, hay una parte de deber que cada uno tiene con todos los demás. Respondemos a ello cuando lo sabemos interiormente y de ese modo podemos concentrarnos mejor, produciendo una meditación más efectiva. También muchas veces es más fácil la meditación en grupo que cuando la intentamos nosotros solos por una razón más profunda.

Podemos explicar esto repitiendo la máxima citada frecuentemente por Jesús, en el Libro de Mateo (18,20): "Donde dos o más se reúnan en mi nombre, ahí estaré en medio de ellos". Debo explicar rápidamente que probablemente estoy tomando esta cita bastante fuera de contexto, porque en esta cita veo a Jesús como el Espíritu, esa chispa de la Divinidad, en cualquier forma o formas que concibas que esto sea (¡cualquiera está bien para mí!). Es mi creencia y mi experiencia, que cada uno tiene en el interior de sí mismo esa chispa de la Divinidad, sea Dios, Diosa o ambos, o a un anciano en una nube con una barba larga y blanca. El animal humano es, a pesar de todos sus intentos por encerrarlo en casas y ciudades, todavía una criatura de instintos y responde a un nivel instintivo. Quizás sea que también somos animales de manada, como nuestro amigo y maestro, el lobo. Así que cuando nos reunimos para meditar en grupos de dos o tres o setecientos ochenta y tres, podemos sentir esa Chispa Divina en el interior de cada uno de nosotros, y tomar el poder de una identidad colectiva. Así, se establece la mente de grupo, que se menciona en muchas escuelas esotéricas.

Con esto, queremos decir algo mucho más profundo que un grupo de personas concentrándose en el mismo tema, aunque esto pueda considerarse como el principio de la mente de grupo. Podremos ver, a medida que avancemos en el libro, que nuestra realidad física tiene a través, o más bien, en el interior, una fuerza de energía que actúa como un proyecto de esa realidad.

Esta energía en verdad es más real de lo que podemos ver y tocar ante nosotros, pero diremos más de esto después. Hasta ahí, sólo hemos identificado que esta energía es Universal: está disponible libremente para todos y es compartida por todos, lo sepamos o no. Cuando estamos en un grupo de meditación, cada uno se relaja profundamente y se puede sentir esa Chispa Divina interior. Con esto, llega el reconocimiento de que todos compartimos esta Chispa o energía.

Con este reconocimiento llega una integración de identidad, conocimiento y conciencia. Esta es una fuerza poderosa, siendo la mente humana una fuerza excepcionalmente potente (aunque se use poco). Ese poder nos permite compartir una identidad colectiva, a la cual podemos referirnos como la mente de grupo. Con el simple hecho de reunirse en un tiempo acordado con el objetivo de meditar, y nosotros mismos relajarnos profundamente, hemos abierto nuestro conocimiento a los demás del grupo y compartido un poco del instinto animal básico y del Espíritu que todos tenemos. Es por eso que somos animales de manada, capaces de generar una fuerza o energía intensa cuando estamos en grupo. De esta manera, logramos un estado de conciencia de la igualdad de cada persona, siendo cada una, una parte vital de esa identidad colectiva o mente de grupo.

La mente de cada persona está separada en un nivel consciente, pero está unida en un nivel inconsciente profundo.

Esta energía existe, entonces, en el nivel de grupo, llegando a identificarse y sentirse más fácilmente, y a su vez, hecha de un material más fuerte entre más se reuna el grupo y esté en armonía de propósito y de mente. Esto crea una fuente de recursos, que cada miembro puede atraer según su necesidad en cierto momento. Regresando entonces a la Biblia y citando esta vez a San Pablo, en verdad somos "Socios Entre Nosotros", enlazados y unidos por esta energía. Tal vez ahora que se ha demostrado esto como una realidad científica en el campo de la física cuántica, podemos aprender a aplicar poco a poco esta verdad globalmente y compartir los alimentos, la salud, la comodidad y el amor, así como lo que está sucediendo instintivamente en el nivel de energía invisible, dándole la oportunidad.

Por supuesto, este hecho no hace que la meditación de grupo sea mejor que la individual, pero le suma otra dimensión a lo que puede lograrse cuando nos reunimos. A los que les interese esto, referiré a los lectores a mi libro anterior "Taming the Wolf — Full Moon Meditations".

En la parte individual, en las escuelas esotéricas se conoce bien que un tiempo prolongado dedicado a uno mismo, muchas veces da lugar a visiones y revelaciones. Puede ser que la búsqueda de la meditación individual sea un reflejo de su hecho mitológico. Realizado diariamente, el tiempo dedicado a meditar solo, puede darle a uno la fortaleza de espíritu que puede actuar como una gran fuerza en épocas de dificultad. También nos puede dar la sensación de fuerza interna a través de las actividades rutinarias personales, que mejoran la confianza, la habilidad y la eficiencia.

Por lo tanto, hay beneficios que pueden obtenerse tanto en la meditación de grupo como individual y ambos son adecuados. Cuando se medita en grupo hay varios principios que es útil observar, con respecto a la confidencialidad, sintonización, cortesía, regularidad, responsabilidad, etcétera. Estas y otras cosas deben trabajarse y acordarse en el inicio de cualquier grupo de acuerdo a sus propios objetivos. Estas cosas, cuando se hayan definido claramente, le ayudarán a la mente de grupo a establecerse más rápida y evidentemente, y de ese modo ayudará a la meditación de cada persona dentro de ese grupo.

Así llegamos al final de este largo capítulo en el cual vemos que estás listo para empezar a aprender algunas técnicas de meditación. Aún hay mucho camino por recorrer, pero al leer fielmente este Capítulo y asimilar sus ideas y sugerencias, encontrarás que te has ayudado enormemente ahora que ha llegado el ejercicio de la meditación.

También descubrirás que podrás establecer desde el inicio buenos hábitos, que te permitirán sentir el beneficio que tu meditación te está dando de pronto. Así que, ahora puedes relajarte y empezar a ayudarte a través de la meditación.

Capítulo 2

Técnicas de Relajación

Hay una teoría popular que afirma que antes de poderse relajar, primero se debe dar cuenta qué tan tenso se está. Esto es con el fin de conocer totalmente la relajación y qué significa y se siente en cada persona que le ocurra. En este Capítulo, estudiaremos el proceso de la relajación, siguiendo el principio anterior. Ya mencionamos el principio, de que cualquier cosa que experimentemos por completo, desaparece y por este medio podemos deshacernos de la tensión y entrar sin esfuerzo a un estado de relajación.

Antes que nada, debe mencionarse que aquí estamos tratando con la experiencia específica e intencional de la relajación, en vez de hacerlo en general en el punto de la vida en que estamos relajados. Estamos aprendiendo a sentarnos o acostarnos y relajarnos en momentos específicos, con el fin de ayudarnos a nosotros mismos. En épocas remotas, este estado hubiera ocurrido de una manera más natural, como si el proceso de la meditación hubiera estado incluido y fuera parte de las actividades cotidianas. De hecho, tal vez por este motivo sea necesario este libro y el aprendizaje de la meditación como una habilidad separada y distinta, completamente excluida de algo que es un proceso natural incluido como parte de la vida personal.

En épocas pasadas más agrícolas, nuestra vida Occidental estaba más cerca y dependía más de las estaciones y del ciclo anual de la Naturaleza, que actualmente. Esto constituía horas de trabajo plantando semillas, cuidándolas y cortándolas. Esto a su vez, significaba muchas horas de trabajo rutinario, repitiendo incesantemente las mismas tareas. En tales casos, es posible que la mente humana entre en un nivel de conciencia diferente. Las acciones del cuerpo son asumidas por los mecanismos internos y se deja que la mente vague a donde desee. Esto no es soñar despierto, donde, de hecho, la mente vaga sin rumbo fijo, sin dirección o propósito, explorando los reinos de la fantasía. En cambio, estas tareas podrían haberse llevado a cabo fuera del cuerpo, mientras la mente de la persona reflexionaba en un tema, suceso o persona específicos, o en lo que sea. De este modo, la tarea se convierte en el catalizador de la meditación — la exploración de la mente de cualquier cosa en que uno desee concentrarse. Esto permite "un estado alterado de conciencia" o un conocimiento que se da naturalmente y sin esfuerzo. Esto tiene el efecto natural de relajar el cuerpo, porque la persona pierde totalmente el conocimiento consciente de lo que está haciendo el cuerpo y de ese modo puede relajarse por sí solo, sin la interferencia de los mensajes complicados que la mente le está abasteciendo constantemente al cuerpo.

En esos casos, el cuerpo puede convertirse en la máquina de trabajo perfecta y asombrosa que es. Igual que la mente. Usamos tan poco nuestra mente en nuestra vida cotidiana que parece un desperdicio vergonzoso no utilizar la habilidad que tenemos para entrar en otro estado de conciencia, ayudándonos a nosotros mismos y a otros.

Como actualmente no tenemos una sociedad que permita este objetivo en las actividades rutinarias, debemos aprender otra vez a relajarnos de manera adecuada, como una tarea separada y distinta, independiente de nuestra vida exterior.

Espero que cuando hayas adquirido esta "habilidad" o, más bien, hábito, se arraigará gradual y naturalmente en tu vida cotidiana, de modo que sea parte integral de ésta. Entonces es cuando el estado de relajación general y natural se restaura, y empezamos nuevamente a vivir de una manera más calmada y libre.

Puede parecer que la naturaleza de nuestra sociedad, trabajo y hábitos Occidentales, se oponen enérgicamente a que nuestra mente se desconecte y se le permita cambiar, con un propósito guardado en el interno. La embestida de información que enfrentamos en la televisión, radio, publicidad, revistas, libros, personas, etc., junto con el ruido que generan, obstaculizan nuestra mente y su habilidad para entrar a una conciencia diferente.

Hay ciertas épocas, en que, aparentemente, nuestras actividades modernas fomentan esta rutina física, que es favorable para la relajación y la meditación, algunas son mejores que otras. Un ejemplo que ya se mencionó es el de manejar, especialmente en la carretera. Aquí las rutinas habituales y las acciones del manejo, asociadas con la velocidad constante y la monotonía de las acciones requeridas, muchas veces permiten que la mente entre a un estado alterado. Sin embargo, este no es el momento ideal para que suceda esto, como es el caso con ciertos trabajos de fábrica, donde se pueden requerir acciones rutinarias y monótonas cerca de maquinaría pesada.

Una actividad mecánica más benéfica y segura que fomenta este estado alterado de la mente es correr. Como corredor de largas distancias, considero mi entrenamiento como una meditación en movimiento. El ritmo, tanto al correr como al respirar regularmente, da el espacio que mi mente necesita para alejarse de los asuntos cotidianos. Es como si ella misma se despejara de los pensamientos diarios, preocupaciones e intereses y se pudiera enfocar sin la distracción de lo que está haciendo mi cuerpo, y concentrarse plena y adecuadamente en lo que yo deseo.

Pero no te espantes, no quiero decir que sea necesario correr maratones para aprender a relajarse y a meditar — ¡aunque ayudaría! Lo que es evidente, es que la mente tiene esta facultad y es algo natural. Sin embargo, la sociedad moderna, dado que pasamos nuestro tiempo tratando con todos sus inventos, no permite su acontecimiento natural. Debemos facilitárselo de uno u otro modo. Por lo tanto, necesitamos aprender a meditar como una actividad independiente.

Antes de aprender a meditar debemos aprender a relajarnos. Este estado de relajación, es el que abre la mente para la meditación. Muchas veces es una línea muy tenue la que divide la relajación de la meditación. Una manera en que podemos observar y definir esta diferencia es considerando la relajación como un estado en el que estamos tranquilos físicamente y mentalmente. Entonces, cuando reunimos y acumulamos ese estado de tranquilidad y concentración mental en un tema específico, podemos decir que estamos meditando. Sin embargo, este sólo es un enfoque, más Occidental en su origen y práctica, en el extenso tema y naturaleza de la meditación.

Así que, involucrémonos con el proceso de la relajación, tanto como un ejercicio con enormes beneficios para nuestra salud general, como un preludio para la meditación. Se estima que aproximadamente dos terceras partes de las enfermedades son provocadas por la tensión, de una u otra manera. Uno de los antídotos más poderosos y directos para la tensión es por supuesto la relajación. Unicamente esto debe ser motivo suficiente para incluir una práctica de relajación entre nuestras actividades cotidianas, pero puede haber muchas otras.

Con el tiempo, estaremos más relajados como es nuestra manera natural de ser. Esto permite que nuestras acciones sean más eficaces. (¡Por cierto, como es el caso de correr, entre más relajado estés, tu corrida será más efectiva y moderada!). Al estar más relajado, como un estado permanente del ser, obviamente evitamos la acumulación de los depósitos que la tensión provoca en el cuerpo. Por consiguiente, un procedimiento de relajación diario, previene que, en primer lugar, ocurra el malestar. Satisfacer a tu ser y tus propias necesidades, física, mental, emocional y espiritualmente también es una buena razón para incluir los momentos de relajación en tu vida. Puede haber muchas cuestiones que pueden prevenir esto, pero una vez establecido como un patrón regular, encontrarás que tienes la necesidad de satisfacer tus necesidades antes que cualquier otra cosa. El principio aquí es, que de nada le puedes servir a los demás o al mundo si en ti mismo no estás equilibrado y relajado, con tus propias necesidades y comodidades dirigidas del mejor modo, en cualquier momento.

Puede ser una buena idea hacer una lista de tus propios motivos para necesitar la relajación. En esto incluye cualquier cosa que te llegue, por insignificante o ridícula que pueda parecer. Todo lo que tu mente te transmita tendrá alguna importancia. Cuando escribas esta lista, simplemente deja que tu mente te hable y escribe lo que llegue, sin detenerte a pensarlo primero. Cuando lo hayas hecho, archiva la lista hasta que hayas olvidado su contenido. Entonces recupera la lista y léela por completo. ¡Puedes llegar a sorprenderte con lo que encuentres! El efecto que tiene este proceso, es hacer que parezca como si alguien que te conoce verdaderamente esté afirmando claramente por qué necesitas relajarte. Esto aumentará tu motivación, lo cual algunas veces es necesario.

En realidad, sólo tu mismo puedes motivarte. Otros pueden expresar los beneficios de la relajación y lo maravilloso que se siente estar relajado, como yo espero haberlo hecho aquí, pero todo esto sólo es un eco vacío, a menos que desees hacerlo por ti mismo. En la disciplina de la práctica diaria, básicamente, sólo tu mismo y tu nivel de motivación es lo que está controlado. Hay formas que ya mencioné, que pueden facilitarte las cosas, pero al final, todo depende de ti.

Esto nos regresa a la satisfacción del ser, porque muy bien puede ser que no puedas motivarte a ti mismo para mantener tu práctica de relajación (o el asunto de correr, dejar de fumar, bebida, drogas, televisión, etc.) Es necesario satisfacer tus propias necesidades y darte cuenta de que no hay nada más importante que su cumplimiento, salvo no dañar a otros. Esto debe convertirse en cada persona, en un estado de conciencia interior y para esto hay muchos bloqueos, de nuestro pasado y nuestra experiencia actual y lo que nos está sucediendo en este momento en la vida.

Lo único que puedo decir en este libro con respecto a este tema, es que la meditación ayudará a disolver estos bloqueos y que la práctica de la meditación te ayudará a la larga. Si en este momento deseas en tu interior poner esto en práctica, depende de ti. Espero que este libro te ayude a abrir el camino para que hagas esto, te guíe y te motive — yo no puedo hacer más.

Ahora fijemos nuestra atención en la forma de relajarse. A continuación se dan dos formas diferentes en que puedes lograr un estado de relajación, que por sí mismas son completas, además de ser excelentes precursores de la meditación. También pueden usarse aparte o en combinación. Si se usan juntas, realízalas en el orden que se da aquí.

Tensando

Este primer ejercicio utiliza el principio que observamos antes, el del necesitar primero la tensión para llegar a relajarse, y también percibirla. Este ejercicio, por supuesto, sólo es una manera de cómo puedes lograr esto, pero he descubierto que los estudiantes responden particularmente bien a este.

La técnica por sí sola es bastante simple y se realiza mejor acostado boca arriba. Para empezar, toma conciencia de ti mismo y de tu cuerpo acostándote apaciblemente y permitiéndote llegar a estar tranquilo. Deja que tu respiración se establezca en su propio patrón natural, simplemente respirando sin tomarlo en cuenta. A medida que te relajas en el ejercicio, esto sucederá de una manera natural y tu respiración será más superficial, lo cual a su vez te ayuda a relajarte.

> *Empieza el proceso de Tensión doblando los dedos de tus pies hacia abajo y apretándolos poco a poco lo más contraídos posible. No tenses, ni estires los músculos con un movimiento brusco, ya que es probable que esto resulte en un músculo desgarrado o "contraído". Aprieta los dedos hasta donde puedas hacerlo cómodamente y siente el tirón en tus pies. Siente la tensión en tus pies, adentro y afuera. Sostén esta posición unos segundos. Es una buena idea contener tu aliento mientras aprietas tus dedos y después de unos segundos, deja que tus dedos se relajen y exhala. Haz que todo el movimiento sea suave y constante. El objetivo es estirar los músculos con el fin de permitir que salga la tensión, nada más.*

El resto del ejercicio es una serie de movimientos, trabajando hacia arriba a través del cuerpo. Los movimientos se realizan exactamente del mismo modo que el anterior. Esto es, aspira mientras haces el movimiento, conteniendo la respiración y los músculos en su posición unos cuantos segundos (tal vez cuenta hasta cuatro mientras haces esto), después exhala mientras liberas la contracción. Este debe ser un movimiento suave y natural cada vez, realizado a tu propio ritmo. Ahora sigue con la lista de movimientos que se dan a continuación, por comodidad, detente entre un movimiento y otro con una respiración, tomada al ritmo y al nivel que sea cómodo para ti.

Después de tus dedos, flexiona tus pies hacia abajo, mientras estás acostado. Siente el tirón en la parte frontal de tus tobillos y tus piernas.

Flexiona tus pies hacia arriba, donde estás acostado. Siente este tirón en la parte posterior de tus piernas.

Sostén apretando tus músculos. Estos son muy fuertes y pueden apretarse mucho, pero no los sacudas.

Sostén apretados los glúteos. Estos músculos son suaves pero fuertes, así que manten esta posición con fuerza.

Aprieta los músculos del estómago y siente aquí la tensión. También siente como se aflojan cuando los sueltas.

Aprieta los puños y siente la tensión que sale con este movimiento agresivo. Ten cuidado de no enterrarte las uñas en tus palmas, pero siente realmente el tirón aquí. Deja que salga esa agresión cuando permites que se relajen tus manos.

Aprieta tus bíceps (músculos superiores del brazo). Imagina que le estás presumiendo tus músculos a un admirador al hacer esto.

Mueve tus hombros hacia atrás, hacia tu espalda. Siente el tirón a través de tu pecho.

Sube tus hombros y siente la tensión en los mismos hombros.

Inclina tu cabeza hacia adelante y siente el tirón en los músculos de tu cuello.

Aprieta la cara lo más que puedas. Aprieta tus ojos y tu boca cerrada, con fuerza. Si estás en un grupo, nadie observará cómo te ves, ya que estarán haciendo lo mismo — incluyendo al instructor. Rara vez permitimos que nuestra cara suelte la tensión, así que aquí, sosténla con fuerza. Se necesitan más músculos para fruncir que para sonreír, así que aligérate la vida y sal de este movimiento con una ligera sonrisa.

Finalmente tensa todo el cuerpo una o dos veces y suelta del mismo modo. Esto permitirá que se liberen las últimas áreas de tensión.

Ahora sólo déjate llevar. Respira tranquilamente y sin esfuerzo, y toma unos minutos para disfrutar y percibir cómo se siente estar relajado, tal vez por primera vez. Si llega a suceder que sientes que algún área de tu cuerpo todavía se siente tensa, entonces repite los movimientos necesarios para deshacerte de ello.

Cuando ya hayas descansado el tiempo suficiente, haz una respiración profunda y nuevamente toma conciencia del sitio en que te encuentras y lo que hay a tu alrededor.

Cuando estés listo, abre tus ojos y observa a tu alrededor antes de ponerte de pie, para volver a adaptar tus sentidos a su conciencia cotidiana. Por supuesto, puedes poner un poco de música para que te ayude o para disfrutar tu momento de descanso al final.

Puedes descubrir que te quedas dormido, lo cual es una buena indicación de que estás demasiado tenso y tu cuerpo necesita descansar — déjalo, el mundo seguirá estando ahí cuando despiertes.

Por último, si padeces de algún problema muscular o esquelético, sé muy suave con tu cuerpo y usa el sentido común.

Habiendo aprendido a relajar nuestro cuerpo, ahora es necesario aprender a hacer lo mismo con nuestra respiración. Por supuesto, respirar es algo que todos hacemos y sin pensarlo, permanentemente. Es una acción instintiva que nos afecta mucho a todos. Sin darnos cuenta podemos tensarnos, digamos, simplemente al ver una película de horror o de suspenso y entonces nuestra respiración se hace corta. Cuando la tensión representada en la película pasa, tomamos una respiración larga y profunda, permitiendo que también salga la tensión de este modo. Puedes pensar que esta es una señal de que es una buena película, por hacerte reaccionar de este modo, pero aprende a percibir cuándo estas respondiendo de este modo y usa las técnicas que se mencionan a continuación para evitar que tu cuerpo se anude con la tensión. Hay muchas otras circunstancias en las que reaccionamos del mismo modo — visitando al doctor, dentista, entrevista de trabajo, exámenes, abogado, etc. ¿Cuántas veces piensas que lo has hecho recientemente y has respondido de este modo?

Si aprendes a estar más consciente de tu respiración y cómo la llevas a cabo, estás dando el primer paso para obtener en cierto grado el control sobre esta. Como esta es una acción instintiva, por consecuencia, puede tener un gran efecto sobre tu estado general del ser. Al poder controlar el efecto que tu respiración tiene sobre ti, puedes evitar la instalación automática de los patrones de tensión en tu vida y calmarte previamente a la entrevista, dentista, etc. Estos son ejemplos específicos, pero la prevención de la tensión también aplica generalmente en todo tu cuerpo y tu vida. En general, serás una persona más relajada, más suelta y controlada, una vez que hayas tomado conciencia y tengas el control de tu respiración.

Hay muchas técnicas para lograr esto y, nuevamente, yo simplemente estoy ofreciendo dos que conozco por la experiencia de mi trabajo. Estas técnicas también son una excelente preparación o introducción para entrar a un estado total de meditación.

Pueden usarse para llevarte a un estado de relajación cada vez más profundo, en ese caso, realmente se convierten por sí mismas en meditaciones, ya que proporcionan el estado perfecto para que tu mente se concentre objetivamente en un tema, imagen o lo que sea.

La Respiración Cuádruple

De nuevo, estas dos técnicas son muy sencillas y efectivas. Tal vez su sencillez hace que sean tan efectivas. Igual que en casi todas las técnicas de respiración, cuentan con que establezcas un ritmo, al cual sometes tu patrón de respiración para que funcione con éxito.

La técnica consiste únicamente en, como su título lo dice — que tu respiración se hace cuádruple. Esto es, cuentas hasta cuatro cada vez que inhalas. Luego vuelves a contar cuatro cuando exhalas. Después sólo repites la misma cuenta al inhalar y luego cuentas cuatro otra vez al exhalar, etc.

Cuenta en silencio y no te preocupes con el tiempo que te tome contar hasta cuatro. Tu respiración y tu cuenta se ajustarán a sí mismas al nivel que sea cómodo para ti, después de las primeras respiraciones. En lo único que debes concentrarte, es en la cuenta y en la respiración, nada más. Cerciórate que no estés forzando tu respiración siendo demasiado superficial o profunda, sino sólo respira suave y uniformemente.

Aquí lo importante no es la cuenta, sino el ritmo y esto es lo que te relaja. Permítete encontrar tu propio ritmo natural. TODOS tenemos ritmo, por desafinado o mal bailarín que puedas ser — todos tenemos un ritmo cardiaco, así que todos tenemos ritmo. Está en nuestro interior, es natural y, sobre todo, sin esfuerzo y por eso es relajado. Usa esto para relajar también tu respiración y entrar a un estado de relajación más profundo que nunca.

Mientras sigues contando y respirando en ese ritmo cuádruple, suavemente deja de contar y deja que siga el ritmo. Con tus ojos cerrados puedes hundirte en un estado profundo de relajación que es infinitamente calmante y reconfortante. En tu propio ritmo puede haber una sensación comparable a la matriz, lo cual es una experiencia maravillosa. Realiza esta técnica todo el tiempo que desees. Es efectiva sólo en unos cuantos minutos, pero en ciertas circunstancias que se mencionaron antes, puedes tardarte más en calmarte. En estos casos ten paciencia, funcionará.

La Respiración Cuádruple se puede hacer en cualquier parte, sin que nadie se entere — en el camión o el tren, afuera de la sala de entrevistas, o mientras se reparten los exámenes. No es necesario cerrar los ojos, lo único que es importante es el ritmo y tu respiración. Cuando domines esta técnica, descubrirás que puedes cambiar a esta con una cuenta mínima, sólo recordándote tu propio ritmo natural y ahí vas. Realmente es muy sencillo establecer este control y te puede dar muchos beneficios en tu vida cotidiana.

La Respiración Cuatro-Dos

Esta técnica es muy parecida a la Respiración Cuádruple, pero tiene una ligera variante en el patrón de respiración. Se ofrece como una alternativa de la anterior. En algunas personas, el patrón de respiración de cuatro puede ser limitativo o su mente puede empezar a vagar muy rápidamente. Si sabes que eres propenso a vagar mentalmente y no eres capaz de concentrarte sin dificultad, este ejercicio hará más fácil tu meditación, si lo usas cada vez como una introducción durante unos cuantos minutos. También tendrá los mismos efectos de reducción de tensión y ansiedad que la Respiración Cuádruple. Simplemente algunos encontrarán esta técnica más eficaz, otros no.

Esta técnica es igual en todos los aspectos a la Respiración Cuádruple, excepto que contienes tu respiración en la cuenta de dos, entre las inhalaciones y las exhalaciones, que siguen siendo en la cuenta de cuatro. Las personas que se presionan por cualquier cosa, es posible que sientan esto muy lento y es posible que se tarden y se esfuerzen más para calmarse. Nuevamente, no forces de ninguna manera la respiración y deja que en el efecto general se dé un ritmo natural. Necesitarás concentrarte un poco más al usar esta técnica, pero como veremos en el siguiente Capítulo, esto es muy útil cuando se entra en meditación.

Nuevamente, haz esta técnica todo el tiempo que desees o mientras sea necesario. Después de unos minutos notarás los beneficios cuando tu respiración esté bajo tu control, en vez de que te controle a ti y estar a su merced afectado por cualquier insignificancia que llegue.

Ahora hemos explorado las formas en que podemos relajarnos. Estas técnicas por sí mismas son completas y, en efecto, pueden llamarse meditaciones si se hacen de una manera profunda y concentrada. Sin embargo, son igualmente efectivas cuando se realizan en situaciones como las que se describieron antes y otras similares. Se hacen mejor y son más efectivas cuando no te esfuerzas demasiado.

Para cerrar este Capítulo puede ser útil una máxima — entre más te esfuerces por meditar, más difícil será—. Recuerda esto, ya que ahora entramos a la exploración de algunas meditaciones básicas.

Capítulo 3

Arraigándose y Conectándose

Ya cruzamos la línea vaga y borrosa que divide la relajación y la meditación en la mente de mucha gente. Ahora estamos preparados adecuadamente y con la libertad de empezar nuestra exploración de los mundos interiores, donde moran todo tipo de demonios y reyes, lobos y magos, que simbolizan nuestros seres interiores y otros reinos. Sin embargo, este libro no tiene tanto interés en usar la meditación como un mapa de exploración a través de esos mundos, pero sí en usarla como ayuda durante tu día de trabajo.

Ya hemos observado muchos asuntos prácticos que deben tomarse en cuenta antes de que podamos usar con éxito la práctica de la meditación regularmente. Igual que con la comida, es necesario variar la dieta de vez en cuando para mantener vivas nuestras papilas gustativas y disfrutar de nuestra comida en un nivel óptimo, es mejor variar la práctica personal de la meditación de vez en cuando, en lugar de repetir mecánicamente el mismo procedimiento desgastado cada día.

La mente humana se aburrirá pronto con esta práctica e inventará distracciones que te impidan meditar. Muy pronto, lo dejarás un día por casualidad y la interrupción cada vez será mas larga, simplemente porque no quieres meditar, ya que no es una actividad productiva o placentera. En parte, por este motivo incluí en todos los demás Capítulos de este libro muchas meditaciones que puedes intentar, que pueden mantenerte ocupado durante muchas lunas.

Sin embargo, antes de esto debemos aprender el método esencial para entrar a ese estado y esa condición de meditación, que, con razón, se llama meditación. Sin esto, simplemente estamos creando un mundo interior que es frágil y quebradizo, esperando ser destruido con el primer reto y dificultad que ocurra. La sabiduría básica y más bien obvia, para crear una base segura antes de crear la misma casa, se aplica aquí.

Sin embargo, al principio de esta explicación diré, que esta no es únicamente una técnica introductoria y nada más. Usada correctamente, puede llegar a ser un ejercicio profundo y poderoso, que cada vez que se realiza, te lleva cada vez más profundamente a tu interior o hacia arriba. Se ha convertido en la base de mi práctica diaria, desde que se me enseñó por primera vez un método de esto, hace muchos años.

Al recordar, puedo ver que se ha desarrollado y adaptado, conforme he crecido y cambiado durante esos años, sirviendo para mantener un contacto vital con mi ser interior que me guía en mi sendero por la vida. Sin esto, siento que todavía estaría recorriendo un camino solitario e insatisfecho, a causa de innumerables acciones que eran el laberinto de lo que ahora llamo mis vidas previas. Gracias a esta técnica de Arraigo y Conexión puedo ahora decir que me descubrí a mí mismo y percibí un poco por qué que estoy aquí.

Entonces, Arraigarse y Conectarse es esencial. Sin esta técnica, o una de sus tantas variantes y formas, el estudiante o practicante de meditación efectivamente se abre al peligro cada vez que medita.

En breve veremos el motivo de esto, pero ahora permíteme explicar qué quiero decir exactamente con Arraigo y Conexión.

Para hacer esto, debemos regresar al concepto y a la idea de la energía que tratamos brevemente en el Capítulo 1. Ahí vimos, que estamos unidos por esta energía o fuerza vital a un nivel de grupo por la concentración y el poder del pensamiento. Esta idea ahora debemos analizarla minuciosamente.

El apasionante estudio y práctica que se llama "física cuántica" ahora está dando credibilidad a lo que los ocultistas y místicos de todo el mundo han estado diciendo durante miles de años. Básicamente, en esto consiste (¡infinitamente más sencillo que los libros de física cuántica!) y está enlazado el Universo como una telaraña, por hilos o partículas de energía. Codificado dentro de cada partícula de energía, efectivamente hay un Universo completo propio, que se asimila dentro del nuestro y así se manifiesta como una realidad tangible cotidiana que experimentamos a nuestro alrededor.

En el próximo Capítulo veremos cómo puede ampliarse este principio para permitirnos obtener lo que necesitamos en nuestra vida, pero por ahora vamos a usar la idea para proveernos de nuestros medios estables y efectivos de meditación, que son Arraigo y Conexión. Esto, a su vez, comprende la idea, ahora demostrada y aceptada, de que la "energía le sigue al pensamiento". La energía que sigue a nuestros pensamientos es lo mismo que demuestra amablemente la física cuántica, es la materia de la vida misma, la misma fuerza vital. De esta fuerza vital deriva nuestro mundo y nuestra realidad.

Entonces, lo que pensamos está construido con esta fuerza vital o energía. Nuestros pensamientos tienen vida y una vez que han llegado a nuestra mente, en efecto, salen hacia el Universo, donde se convierten en algo real. Esto puede provocar que pienses que es vital no pensar negativamente o tener malos pensamientos. ¡Pero no podemos evitar nuestro instinto, que nos hace pensar sin detenernos a considerar cómo va a resultar esta realidad! Los homólogos de Dale Carnegie y otros expositores del pensamiento positivo deben aceptar que el ser humano todavía es un animal y, por lo tanto, es instintivo, con respuestas inmediatas, que en cierto sentido están fuera de nuestro control. En cambio, podemos modificar el estado general o la condición de nuestra mente, para ser más felices y llevar una vida que nos lleve a un nivel de satisfacción que ayude a eliminar la necesidad del pensamiento malo o negativo, sea instintivo o no.

La práctica del Arraigo y Conexión es, en este enfoque de la meditación Occidental, la clave del procedimiento para lograr lo que podría parecer una idea agradable pero irreal. Es muy real y, de hecho, es más real que la silla donde estás sentado y el libro que estás sosteniendo en tu mano. Este reino de la energía trasciende y sobrevive a tu cuerpo, tu casa y todas tus posesiones. Porque opera a un nivel que está más allá del tiempo, donde lo que es realidad, es lo que pensamos.

Entonces, cuando podemos alcanzar un estado de conciencia o de conocimiento en el que podemos sentir, percibir y comunicarnos con esta energía o fuerza vital, podemos aprender a modelar nuestra vida y la realidad, para que sea como queremos. Por este motivo debemos Arraigar y Conectar cada vez que meditemos, porque esta es una gran responsabilidad, donde podremos por fin asumir plena responsabilidad, no sólo de nosotros mismos y de nuestra propia vida, sino de la Tierra y el Universo que en primer lugar nos dan esa vida.

Entonces, ya hemos visto cómo relajarse y esta relajación física es la que permite que la mente tenga la libertad para explorar niveles más profundos que los que normalmente se le permite, por tener muchas otras trivialidades para concentrarse en el cuerpo. En cuanto se elimina esto, se puede tener acceso a un poco del verdadero potencial de la mente. En este nivel más profundo, podemos sentir y percibir el movimiento, y el flujo de esa fuerza vital y energía que es, como lo hemos visto, el proyecto de la vida misma. Es como si se te diera el mapa que te muestra cómo estás hecho y qué harás en la vida, antes de empezarla. Ahora puedes hacer cualquier ajuste que desees y trazar el curso que te gustaría tomar en tu vida.

Sin embargo, la historia nos muestra que el humano no es un animal sabio y está sujeto a cometer errores. De hecho, en esos errores es donde debemos aprender a progresar. Necesitamos una guía y necesitamos ayuda, hasta ahí está claro. Si se nos deja que nos arreglemos por nosotros mismos, invariablemente estaremos errados, en lo que "sea". Esto aplica como especie y en cada individuo dentro de esa especie. El Arraigo y Conexión es el método por el que podemos obtener esa guía y asegurarnos de que no nos llevemos nosotros mismos "hacia el engaño".

Cuando llegamos a relajarnos profundamente, se puede discutir que la concentración enfocada de nuestros pensamientos es la que nos lleva a la meditación. En qué concentremos nuestros pensamientos, por supuesto depende totalmente de nosotros. Aquí, el punto es que llegas a estar inmerso en tu contemplación, o tal vez sigas una jornada guiada tan plenamente que en realidad estás en ese lugar, ilo cual cuando consideras el principio de que la energía le sigue al pensamiento y que la vida viene de esa energía, es cierto!

De ese modo se vuelve necesario y vital tener algún medio por el que puedas encontrar tu camino de regreso al mundo cotidiano en nuestra mente consciente. Este método es el Arraigo.

Arraigo

El Arraigo también tiene otros beneficios y usos. El término "arraigo" es una gran clave para lo que realmente está sucediendo aquí. Lo que haces cuando, de la técnica completa, realizas la parte del arraigo es unir o enlazar tu propia fuerza vital, energía o esencia, con la Tierra.

La Tierra sostiene y apoya a todos y cada uno de los seres vivos sobre y en ella. Tal vez por este motivo a la Tierra, como ser vivo, se le llama Madre, porque igual que las demás Madres, Ella le da constantemente a sus hijos —nosotros. Se nos han confiado todos los poderes que observas para cuidar de la Tierra como Ella cuida de nosotros. Si hay un desequilibrio, nos metemos en problemas.

Entonces, el Arraigo une tu fuerza vital con el cuerpo y después, a un nivel más profundo, con la fuerza vital de la Tierra. Esto es justamente como si, como una planta o un árbol, metieras la raíz a la tierra y de eso dependiera tu estabilidad, salud y bienestar en la Tierra y en esa conexión.

Cuando puedes enlazarte con la Tierra diariamente, gradual e instintivamente te das más cuenta de tu dependencia con la Tierra y de tu conexión intrínseca con todas las cosas. Entonces comprendes lo que los chamanes del mundo alguna vez supieron y siguen sabiendo, que eres parte de las rocas, piedras, aire, tierra, árboles y de todas las criaturas, así como ellas son parte tuya. La Tierra es lo que une todo esto y apoya la vida de todos, incluyendo la tuya.

El método por el que llegas a arraigarte es simplemente enfocando tus pensamientos, una vez que te has relajado, en tu propia fuerza vital, desplazándose hacia abajo a través de tus pies, a través de la superficie donde estás y hacia abajo a la Tierra misma. Entonces esto se regresa, semejante por semejante, de la Tierra hacia ti. Después de esta explicación seguirá una transcripción completa de este procedimiento, para que puedas realizar este ejercicio vital con seguridad y facilidad. Simplemente estamos utilizando ese mismo principio de la "energía le sigue al pensamiento".

Con tu arraigo funcionando sin peligro, puedes viajar a donde tu mente o tu maestro de meditación desee llevarte, sabiendo con seguridad que puedes regresar nuevamente. Muchas veces, es el caso de nuestro querido "flotador" que simplemente no está arraigado.

Por dedicar tanto tiempo en su llamada meditación, parece que después nunca llega a tomar posesión completa de su cuerpo.

En meditación, se necesita poder ingresar al mundo interno, a un estado de conciencia más profundo o elevado, hacer lo que uno desee y después regresar total y plenamente al mundo terrenal, enriquecido y animado por lo que se ha experimentado, aprendido y percibido. Sin el arraigo, o alguna forma de éste, esto no es posible.

En cambio, lo que sucede es que en cuanto se hace el cambio a esos niveles, nada es real o concreto, y la mente queda libre como un niño malcriado para hacer las bromas que pueda.

Dándole al meditador, conforme avanza, una esfera más profunda de todo tipo de fantasías y revelaciones que suceden, hasta que incluso ellos mismos creen que están dominados por algún tipo de providencia Divina especial. ¡Hay muchos de estos por ahí!

Tal vez, aquí vale la pena señalar los peligros de la meditación (a un nivel profundo) sin el arraigo. A tu regreso podrías encontrarte, de alguna manera, agotado y cansado. Esta sensación tiende a no disiparse y aún después de un sueño prolongado puedes descubrir, simplemente, que no puedes deshacerte de esta sensación. También podrías quedar sumamente sensible a los ruidos a tu alrededor y también a la entrada de información que recibes. Esto podría traer como consecuencia que tu mente estuviera constantemente invadida por un torrente de información desenfrenada e indeseable, que podría sobrecargar tus sistemas. A la larga, el resultado es agotamiento y crisis nerviosa. Esto puede sonar extremista o exagerado, pero no lo es.

Puede ser útil mencionar aquí, que esto también es notorio en el propósito de la sanación. Los sanadores se quejan frecuentemente de la sensación de agotamiento después de trabajar. Esto es en gran parte porque la energía que le están transmitiendo a su paciente viene de ellos mismos, no a través de ellos. Con el fin de ser un canal de esta fuerza y poder, es necesario realizar algún tipo de arraigo y conexión.

En cuanto se está arraigado firmemente, se pueden explorar los alcances más lejanos de nuestro Universo y hasta más allá. Podemos viajar en el tiempo, hacia adelante y hacia atrás y todavía regresar ilesos y fuertes al momento actual, igual que como salimos. Por supuesto, no es necesario saber a dónde vamos y que no nos perderemos en el camino, y por ello, igual que con nuestro arraigo, necesitamos realizar nuestra Conexión.

Conectándose

Como establecimos que la fuerza vital, con la que tratamos en el arraigo, está en, y es de, la Tierra, además de nosotros mismos, así también está en y es del Universo, como aquello que está arriba y alrededor de nosotros. Podemos considerar esto, como la fuerza de la Tierra que da, promueve y sostiene la vida, mientras que el Universo guía y dirige la vida, haciéndolo tanto individual como colectivamente. Con eso llegamos a la máxima citada en tantos manuales esotéricos: "Como es arriba, es abajo". Aquí tenemos una experiencia directa de este principio, exclusivo para cada persona y, no obstante, en esencia es el mismo para todo el mundo.

Una vez en meditación, necesitamos saber que podemos viajar y explorar en nuestra mente a cualquier sitio que deseemos, ¡sabiendo, sin tener ninguna duda, que nuestra imaginación no se fugará con nuestra conciencia y nos dirá que, en efecto, somos visitantes de un planeta que ha estado situado inadvertidamente atrás de Marte durante todos estos años! Necesitamos saber que cuando meditamos, las divagaciones y las comprensiones posteriores de nuestra mente son reales, nobles y tienen algún uso y aplicación práctica.

También necesitamos saber, que nuestras meditaciones nos están llevando a un nivel de conciencia y de conocimiento superior genuino, en vez de abrirnos a los niveles más profundos y obscuros de nosotros mismos, a condicionamientos falsos de la infancia o a influencias y opiniones de otros que nos cambian.

Necesitamos un enlace y un canal directo con nuestro "Ser Superior", ya que este es el que nos servirá incondicionalmente y siempre nos dará la verdad, sea agradable o no. Este Ser Superior se puede considerar como una parte integral de nosotros que sabe lo que necesitamos, no lo que queremos. Es nuestra parte que es, si lo deseas, en parte espíritu y en parte humana. Tiene una unión y una conexión permanente con la Divinidad, mientras que también puede relacionar el producto de esa unión con la mente consciente, por medio de la meditación.

Como tal, es la fuente superior de la vida misma. Es a donde podemos recurrir para una guía, confirmación y sanación. Como una fuerza, que es en esencia amor incondicional, trae sanación, limpieza y purificación. Cuando nos conectamos en meditación con esta fuerza de vida Universal, recibimos un efecto colateral, que es la sanación. Esto activa una reacción en cadena en nuestra mente y nuestro cuerpo, que nos da la oportunidad y un conocimiento más íntimo de quién y qué somos realmente y qué podemos llegar a ser, si estamos a la altura de nuestro potencial máximo.

Si vemos esta fuerza y este poder como el flujo de energía, que ya identificamos que existe dentro de la Tierra, veremos que con nuestros pensamientos podemos hacer que un flujo de energía personal, arriba de la cabeza, suba y se conecte con esa fuerza Universal. De ese modo nos ponemos en contacto con la Creación misma. Somos parte de esa Creación y la "Conexión" es la experiencia consciente de esto. Del mismo modo en que los astrólogos consideran que los principios de los planetas nos afectan con su propia energía o fuerza vital particular, así, aquí nos estamos conectando en un sentido, con una combinación de todas esas energías y fuerzas. Juntas forman un conjunto integral, superior a la suma de sus partes, que es la fuerza y la energía de la creación. En realidad es una tarea sencilla usar el principio de la energía que le sigue al pensamiento para darnos cuenta de esto, diariamente, por medio de la siguiente meditación.

El procedimiento para la Conexión se parece bastante al de Arraigo, pero subiendo, más que bajando. Concentrándote en el flujo de la energía del arraigo ascendiendo por tu cuerpo, puedes hacer que tu nivel de conciencia se eleve. Subiendo esto encima de tu cabeza puedes empezar a sentirte más ligero y como si tuvieras una altura mayor. Esto es simplemente el flujo de energía ascendiendo. Entonces, si orientas tus pensamientos al flujo de la fuerza vital y la energía que fluye por todo el infinito y el Universo, empiezas a atraer hacia ti, una "dosis" concentrada de esto bajando a tu ser y a tu cuerpo. Al fijar tu concentración en el descenso de esta fuerza vital, podrás sentir su poder limpiador, sanador y orientador fluyendo a través de ti. Esto te conecta verdaderamente con el Universo y con tu propio ser. Con esta conexión llega un conocimiento de tus pensamientos e intuición internos.

En cuanto dejes que descienda, percibirás y sentirás en tu interior que las dos energías y fuerzas, de abajo y de arriba, se mezclan y se unen. Deja que esto suceda, porque ocurre en un lugar que es en verdad el mismo centro de tu propio ser. Ahora puedes percibir quién eres verdaderamente y sentir tu conexión intrínseca con todas las cosas que tienen vida, grandes o pequeñas. Esto da una maravillosa sensación de equilibrio y bienestar que es difícil describir y cada persona necesita sentir. Sin embargo, en cuanto se experimenta, altera al ser y nunca volverás a ser el mismo.

Con su conocimiento llega una sensación interna de paz, que es la base de una situación satisfactoria y feliz. Por supuesto, no te quitará todos tus problemas, pero te dará los medios con los que podrás verlos desde un lugar seguro y objetivo. Para mí, es lo que me mantiene unido y me asegura que "no sólo hay eso en la vida". Al tener un acceso diario a este lugar, el conocimiento y la experiencia, es lo que me permite estar en paz conmigo mismo y con el mundo. En este centro, sé que puedo enfrentar cualquier cosa en el mundo que juzgue conveniente emprender y puedo encontrar paz a pesar de los horrores que estén cerca de mí. El Arraigo y la Conexión también me permiten tener un conocimiento consciente del Espíritu que mora en mi interior y con el que lucho constantemente.

Entonces, estar conectado permite que la mente termine con su interminable parloteo cotidiano. Concede la paz emocional y podemos soltar las defensas que llevamos con nosotros mismos. En ese lugar de paz, finalmente podemos conocer la verdad, como existe en ese momento.

Habiendo realizado tu Arraigo y Conexión, alcanzas este estado de equilibrio interno y te llega la paz por saber que todo es como debe de ser. En este estado y con el conocimiento, puedes decir que estás "centrado". Este es otro término, como el de la energía, que se ha usado en exceso en muchos lugares, sin comprender verdaderamente lo que es y lo que significa. Estar centrado es el producto de estar arraigado y conectado.

En cuanto esto se convierta en una práctica habitual cotidiana, encontrarás, en general, que tienes un conocimiento y control mayor sobre ti mismo y tu vida. Toma algo de tiempo que esto se establezca en el patrón de tu carácter, pero una vez adquirido se impregna en todos tus pensamientos, sentimientos y acciones. Entonces, actúas desde un lugar de verdad y de paz, conociendo, más que creyendo o esperando que lo que estás haciendo es correcto. Por eso, estar arraigado y conectado (centrado) se convierte en un estado general de la existencia. Entonces puedes usar tu práctica diaria para garantizar que sigas en equilibrio y en control, y vivas de una manera equilibrada y moderada, sin pensamientos, palabras u obras extremistas que pudieran intentar separarte. De hecho, es cierto que un buen principio de vida es "todo con moderación" o diciéndolo de una manera más atrayente "¡un poco de fantasía no hace daño!"

En tu vida hay muchas señales que suceden en un nivel instintivo, que pueden decirte si no estás arraigado o conectado. Esto también puede convertirse en una guía que te garantice que el sendero por el que vas, lleva a la dirección que desearías o que está destinada para ti.

Si no estás arraigado, puedes descubrir que inconscientemente estás complaciendo a otros, en perjuicio de tu propio bienestar. La habilidad para decir un "no" con honestidad cuando lo necesitas, no es despiadada — primero debes ser amable contigo mismo antes de que puedas serlo con otros. Muchas veces esto puede terminar en enfermedad y la persona que no está arraigada tendrá frecuentemente resfriados, cansancio, indiferencia y apatía. El mal humor puede convertirse fácilmente en un hábito, así como la torpeza, con palabras así como con objetos (incluyendo tu propio cuerpo). La persona que no está arraigada parece que siempre tiene prisa, porque no tiene el conocimiento interior que sabe que las cosas se harán en su momento adecuado, igual que la tortuga en la carrera contra la liebre. Manten tu poder en la realidad y no tendrás la necesidad de preocuparte por el futuro, y podrás vivir totalmente despierto y consciente en el momento presente.

Además, el arraigo aumenta tu poder en la "realidad" y te da la sensación de ser parte del mundo, con un papel importante que cumplir, como de hecho todos tenemos. Qué papel sea este, debemos descubrirlo nosotros mismos y la meditación es un medio por el que podemos saber cuál es ese papel. Realizar diariamente el arraigo y la conexión puede ser el medio para esto, que es necesario hacerlo mientras atravesamos por los cambios naturales que dan las circunstancias y la vida. Es vital estar conectado a esa conciencia superior, para entender el "plan" para nosotros.

Si estás desconectado, puedes bien encontrar que no sabes por qué estás haciendo las cosas, pero terminas haciéndolas. Es como si escalaras una montaña, sólo porque está ahí. Esto no tiene un objetivo, ni una actitud calmada y moderada o una razón explicable. Una vez conectado con el propósito superior, la montaña llega a representar una ascenso simbólico, quizás contra la adversidad, un reto físico o lo que sea. Con la conexión superior llega el conocimiento de saber que estás en el lugar correcto en el momento adecuado, no por accidente sino por designio.

Arraigándose y Conectándose

Para empezar esta meditación, siéntate o acuéstate cómodamente, como hayas elegido. Acomódate y cuando sientas que estás listo, cierra tus ojos. Ahora, toma una respiración profunda, conteniendo un momento tu respiración. Cuando exhales, deja que también salga la tensión de tu cuerpo. Si sientes la necesidad, toma otra inhalación profunda del mismo modo. Ahora, sólo deja que tu respiración regrese a su propio ritmo natural, sin esforzarte de ningún modo.

Dirige tu atención al interior y olvida toda la actividad de tu día. Permítete estar consciente sólo de este tiempo y este lugar. Sólo deja que todos tu pensamientos y todas tus emociones existan un momento, dejando que el mundo gire por sí solo. En tu conciencia, sepárate de tus preocupaciones y tus intereses, existiendo, en cambio, el momento y el lugar presentes. Date cuenta de que lo único que existe eres tú mismo, aquí y ahora. Deja que tus pensamientos pasen por tu mente, sin detenerte en ellos en absoluto, sólo deja que fluyan por tu mente.

Ahora, suelta tus sentimientos y tus pensamientos. Lo único que queda es tu respiración. Permanece con esto un momento y después suelta esto también. Respira natural y libremente, sin ningún esfuerzo o reflexión. A partir de aquí, puedes empezar a sentir y a percibir la fuerza vital y la energía que existen dentro de tu cuerpo y de tu ser.

Siente su movimiento y su flujo en todo tu cuerpo. Observa su dirección y cualquier diferencia que pueda existir en áreas específicas de ti mismo.

No intentes sentir esto, porque entre más lo hagas más difícil será. En cambio, deja que tu ser lo perciba, simplemente percibiéndote como un ser que no sólo es cuerpo físico, sino también energía. Esta es la fuerza vital esencial que existe en todas las cosas con vida.

Empieza ahora a controlar la dirección de esa fuerza vital con tu mente, recordando que "la energía le sigue al pensamiento". Fija tu mente y tu concentración en tus pies, relajándolos mientras lo haces.

Esto hace que se hundan con firmeza en el suelo. Permite que el suelo soporte todo tu peso, relajando cualquier área que haya quedado con tensión o dolor.

Siente cómo el suelo soporta todo tu cuerpo. Concéntrate en la energía que se acumula en tus pies. Date cuenta de cualquier respuesta que puedas tener con el flujo de esta energía, como hormigueo, calor o frío. No reacciones a estas sensaciones, sólo percíbelas. Puedes o no sentir estas sensaciones — tampoco es bueno ni malo.

Ahora expande tu conciencia debajo de las plantas de tus pies e imagina que la fuerza vital y la energía se desplazan con tus pensamientos. Como la energía sigue a tus pensamientos, empiezas a percibir y a sentir que bajas. Imagina que estás echando raíces, igual que una planta o un árbol. Después, la fuerza vital desciende, atravesando los cimientos de cualquier construcción en que te encuentres y bajando al cuerpo de la Tierra. Con firmeza fija tu concentración en unirte a la Tierra y echar raíces dentro de su cuerpo. Deja que la Tierra empiece a sostenerte, en vez de sostenerte tú mismo.

Ahora concéntrate en la energía que está debajo de ti, bajando cada vez más profundamente en la arcilla y las rocas de la Tierra. Siente la estructura de la Tierra debajo de ti y deja que esto te sostenga. Imagina que las puntas de tus dedos se estiran a las profundidades de la tierra y siente el calor que te rodea. Empieza ahora a absorber el alimento de la Tierra dentro de tu propio cuerpo. Siente los minerales y los nutrientes, que estimulan y fortalecen tu fuerza vital, filtrándose y entrando a tu cuerpo. Mentalmente, aspira ese alimento que la Tierra da en abundancia. Percibe la pesadez de tu cuerpo y siente cómo se fortalece mientras se hace tu conexión de arraigo con la Tierra.

Permite que este arraigo se establezca firme y claramente en tu conciencia y en tu cuerpo. Siente la seguridad y la protección de esto filtrándose en ti. Entrégate a la Tierra desde tu interior, dejando que el alimento y la fuerza abundantes te sostengan y te den vida. Depende por completo de la Tierra. Ahora, en las profundidades, puedes empezar a sentir el latido que es la fuerza vital de la misma Tierra. Mientras sientes ese latido, deja que la palpitación de tu propio corazón se fusione y se combine con ese latido, llegando a unificarse a este. Con esto ahora te unes a la esencia misma de la Tierra y los dos se hacen uno.

Ahora arraigado en tu lugar y firme, empiezas a sentir que la fuerza vital y la energía de la Tierra suben por el interior de tu cuerpo. Sin cambiar de ninguna manera tu respiración, aspira esa energía mientras haces tu siguiente inhalación, sintiendo que sube por tus pies. Siente esa fuerza vital, fuerte y casi sólida, subiendo por las plantas de tus pies y recorriendo tu cuerpo.

Conforme sube la energía de la Tierra puedes sentir que en tu interior tienes más fuerza y más vida. No reacciones con ninguna de estas áreas de consciencia o sensaciones que puedas sentir, simplemente percíbelas y continúa.

Deja que la energía de la Tierra suba cada vez más por tu cuerpo. Siente cómo impregna tu cuerpo, por dentro y por fuera. Mientras circula hacia arriba a través de ti, siente la fuerza, el calor y la vitalidad penetrando también en ti. Date cuenta de esta fuerza vital que asciende por tus huesos, por cada una de tus venas, tus músculos y también por tu piel, tocando cada parte de ti y cubriéndola con esta fuerza vital poderosa. Deja que esta energía te sostenga en tu posición y depende de esta.

Entonces permite que esta energía terrestre se eleve, hasta que sientas que te cubre por completo. Deja que siga elevándose hasta que cubra tu cabeza. Siente que eres un ser de la Tierra, arraigado firmemente en su cuerpo. Deja que unos instantes esto sea tu estabilidad y toda tu conciencia, mientras haces una pausa para acostumbrarte a esta sensación y este conocimiento.

Ahora empieza a fijar tu concentración en la coronilla. Fija tu atención en un punto arriba y al centro de tu cabeza, tocando ligeramente la superficie. Mientras te concentras aquí, siente que la energía fluye a esta área de tu cuerpo y de tu ser. Siente la ligereza aquí de tu conciencia y acostúmbrate a esto.

Ahora percibe la energía y la fuerza vital de arriba, descendiendo a todas las cosas con vida, a la Tierra misma y a ti. Permítete percibir su ligereza y su sensación. Imagina que esta fuerza vital superior desciende desde el Universo hasta el interior de tu propio ser, a través de la coronilla. Siente esta fuerza y esta energía emanando desde el infinito, hacia ti. En esto, permítete estar conectado con el Universo y con esta misma fuente de vida y creación.

Mientras te concentras en esta energía superior, puedes sentir que tu conocimiento y tu nivel de conciencia se incrementan. Percibe en este momento la ligereza de tu cuerpo y de tus aspectos más elevados. Puedes notar algunas sensaciones encima de ti, cerca de tu cabeza y tu frente. Deja que este hormigueo, calor o frío, simplemente sea parte de ti y siente la fuerza vital superior conectándote clara y firmemente con el Universo, con tu propia guía superior y con la misma vida.

Ahora, empieza a sentir que esta fuerza vital Universal desciende suavemente por dentro de tu cuerpo. Imagina y siente su movimiento que, desde arriba, baja a través de la coronilla. Siente su flujo de sanación y de limpieza descendiendo por el interior y el exterior de tu cuerpo y de tu ser. Siente cómo te sana a su paso, refrescándote y guiándote. Permítete estar conectado con esta energía, contigo mismo y con la verdad de tu propia existencia.

Deja que esta energía superior se convierta en una parte de ti mismo, y tú estás cada vez más conectado a esta. Siente cómo baja por tu cuello, sobre tus hombros y tus brazos, siente ahora cómo su flujo desciende por tu cuerpo, encerrando e impregnando cada órgano en su interior. De este modo, te conviertes en un ser más consciente de la energía que del cuerpo. Deja que esta sensación y este conocimiento se asienten y se disipen.

Ahora, percibe la energía de abajo de la Tierra fusionándose y combinándose con esa energía superior de arriba. Siente el equilibrio de estas dos fuerzas, sosteniéndote recto, apoyándote, dándote vida y guiándote. Mientras se fusionan y equilibran entre sí, te equilibran a ti. Percibe ahora el equilibrio que hay en el mismo centro y corazón de tu ser. La energía de la Tierra se encuentra con la energía del Universo en este lugar, donde hay una paz y un equilibrio perfectos. En este momento siente el mismo centro de tu ser y permítete tomar plena conciencia de esto.

Ahora toma tu tiempo para que tú mismo flotes y llegues a este lugar, donde se encuentran todas las cosas y hay una posibilidad infinita. En este lugar puedes descubrir la verdad, la sanación, la paz y la libertad.

Descansa, arraigado abajo y conectado arriba. Deja que la Tierra te sostenga y el Universo te guíe. Permítete descansar en los brazos del Universo y flotar a la deriva en un océano interminable de tranquilidad perfecta. Si lo deseas, busca algún tipo de guía que estés necesitando en este momento o simplemente déjate llevar a cualquier sitio al que parezca que vayas, durante un rato.

Cuando estés listo, lenta y gradualmente toma conciencia de ese lugar de equilibrio, del centro de tu ser y, una vez más, de tu cuerpo. Luego percibe tu respiración y advierte qué tan superficial se ha vuelto. Suave y fácilmente profundiza el nivel de tu respiración, mientras lo haces, lentamente adáptate para volver a percibir tu cuerpo. Nuevamente, incrementa el nivel de tu respiración a tu nivel acostumbrado y toma conciencia del lugar donde estás sentado o acostado, y de tu entorno. Toma todo el tiempo que sea necesario y asegúrate que regreses por completo y perfectamente. Mueve tus dedos para sentir tu cuerpo si todavía te sientes mareado. Cuando estés listo, permite que tus ojos se abran y regresa.

Después de haber leído todo este ejercicio, puedes estar pensando que es imposible recordar todo esto en tu meditación y tendrás toda la razón, aunque recuerda que los principios de esta técnica son muy sencillos. Simplemente percibe tu propia fuerza vital, después arráigate enviándola hacia abajo a la Tierra y dejando que suba. Después aspira la energía del Universo a través tuyo y llega a un punto de equilibrio en el centro de tu ser. Permanece aquí todo el tiempo que desees, después regresa por completo.

Este ejercicio aquí se da de corrido, para que esté completo y puedas aprendértelo, comprendiéndolo para que tenga un efecto máximo. A medida que progresas con la técnica, encontrarás que el tiempo para hacerlo cada vez es más corto, hasta que puedas tú mismo sentir el arraigo y la conexión sólo en un par de minutos. Como tal, el arraigo y la conexión, necesita llegar a convertirse en una técnica que sea el inicio de todas y cada una de las meditaciones que realices, como se explicó anteriormente.

Cuando conozcas esta técnica puedes seguir adelante, pero de otro modo, recomiendo que persistas con esta misma meditación hasta que puedas hacerla en menos de cinco minutos (¡aunque recuerda que no es una carrera contra reloj!). El proceso de aprender el arraigo y la conexión hará maravillas para tu acceso y tu experiencia en futuras meditaciones, así que es tiempo y esfuerzo que están muy bien utilizados. Por este motivo, en las próximas meditaciones que se den en este libro, simplemente he dado las palabras ARRAIGAR Y CONECTAR en el inicio de cada meditación y al final, donde corresponde, ARRAIGAR. Estas palabras indican que debes arraigarte y conectarte antes de empezar la meditación que se da en el texto.

Los que puedan compartir sus experiencias de meditación con una pareja, pueden efectuar una técnica ligera y suave de masaje que tiene un efecto parecido al arraigo y la conexión. Empezando por el cuello, con tu mano recorre la columna suavemente hacia abajo. Cuando llegues a la base de la columna, repite el mismo movimiento con la otra mano. Esto genera un movimiento continuo que se siente como si escurriera agua por tu espalda hacia abajo, de una manera muy agradable.

En un nivel energético, tiene el efecto de lanzar energía a lo largo de la columna, haciendo que percibas el centro de equilibrio en tu centro. El movimiento debe ser rítmico y puede continuarse todo el tiempo que sea necesario. Estoy en deuda con Margaret Pilling por enseñarme esta preciosa técnica y por permitirme reproducirla aquí en beneficio de otros.

De por sí, esta técnica de arraigo y conexión te durará toda la vida. Encontrarás que en las primeras etapas debes trabajarla, por completo, al menos veinte minutos. En esta profundidad y nivel, debes continuar realizando sólo esta técnica y encontrarás que, poco a poco, alcanzas un nivel cada vez más profundo o más elevado. Como tal, te la recomiendo, asegurándote que es la base de mis prácticas de meditación y me da la conciencia y la conexión que necesito diariamente para seguir adelante.

Capítulo 4

Meditaciones de Energía

Por medio del proceso de Arraigo y Conexión, hemos visto cómo puede usarse la fuerza vital o energía básica que existe en todos los seres vivos, para que surta un gran efecto en la meditación. En este Capítulo examinaremos y exploraremos cómo podemos utilizar este efecto para ayudarnos.

Este es un libro de meditaciones prácticas, donde usamos el arte y la práctica de la meditación para ayudarnos en nuestra vida diaria. Como tal, debemos ver las causas fundamentales y las influencias que van a crear esa vida diaria y hacer que sea lo que es. Estas causas fundamentales son energías, influencias de nuestro ADN y más allá, invisibles para el observador superficial, pero medibles y reales. La aceptación de este hecho, ahora científico, es vital para el trabajo provechoso de las meditaciones incluido en este Capítulo.

No es suficiente únicamente leer este libro, aceptar lo que aquí se expone y hacer las meditaciones, esperando que cambien tu vida y a ti.

Ni tampoco es suficiente tener fe en la creencia, de que esta energía existe, confiando en que mis palabras de esta página te convencerán.

Más bien, cada persona debe tener su propia experiencia de esta energía y ver por sí misma que es real, que existe y cómo la siente.

La meditación de Arraigo y Conexión del Capítulo anterior debe darte esta experiencia. En parte, por eso recomiendo tanto que te mantengas con este ejercicio hasta que puedas repetir el procedimiento completo en sólo unos cuantos minutos.

Cuando puedes hacer esto, debes SABER en tu interior que esta energía existe en cada fibra de tu cuerpo y de tu ser. Si todavía no sabes que esto es cierto y que aplica en ti, igual que en todos los demás seres vivos del Universo, entonces sigue con el Arraigo y la Conexión hasta que en verdad puedas decir que sabes esto, sin tener un momento de duda o vacilación.

Esta certeza es necesaria, porque casi todas las técnicas de meditación dadas en este libro, funcionan con este mismo principio. El grado al que trabajen y sean prósperas, está en relación directa con el grado de certidumbre que tengas sobre la realidad, de que la energía le precede a la realidad física tangible.

Cuando has comprendido esto con la esencia de tu ser, también es necesario saber igualmente la verdad de que la "energía le sigue al pensamiento". Esto es, porque el enfoque y la acción dirigida de tus pensamientos durante tu meditación es lo que provoca la nueva realidad que estás intentando crear a través de esta. Esto no funcionará o sucederá si tienes cualquier duda o tu mente divaga durante la formación de esa realidad. Entonces, llega la etapa en que sabes que durante tu meditación la energía de tus pensamientos impone su adaptación y éxito en tu vida. Hasta ese momento, sólo sigue arraigándote y conectándote.

Esta energía existe, entonces, como un proyecto de nuestra mundana vida cotidiana. Desde este proyecto nos movemos y tenemos nuestro ser. Surgimos de esta capa dimensional para existir en un mundo tridimensional. ¿Dónde encajan en este mapa nuestros pensamientos, si ellos crean nuestras experiencias? Tal vez nuestros pensamientos son la segunda dimensión, la plantilla para los efectos de esos pensamientos. Entonces, se deduce que necesitamos un método para controlar nuestros pensamientos, para que los proyectemos en esa tercera dimensión, la existencia mejor y más propicia para nosotros mismos. Ese método es la 'Meditación Práctica'.

Esta fuerza vital o energía tiene una influencia directa en todos los aspectos de nuestra vida. De esto se deduce que si en una meditación dirigimos nuestra atención, al estado y la condición de esa misma energía, entonces, percibimos una energía de mejor calidad, con la que nosotros mismos nos modificamos en nuestra vida. En general, las meditaciones en este Capítulo tienen que ver con esto.

Respiración de Energía

La primera de estas técnicas se llama Respiración de Energía y podemos tomar la definición anterior de la energía aplicándola aquí, así como verla en su sentido más convencional. Esta técnica te permite generar un flujo de energía fuerte, estable y positivo, por medio de tu respiración. Esto, a su vez, crea energía, una sensación de bienestar y positivismo para realzar tu motivación y vitalidad en la vida. Esto, por supuesto es esencial para la realización de tu potencial en cualquier cosa que hagas.

Entonces, esta meditación es, más bien, como si te aseguraras que tienes la fuerza adecuada o el poder suficiente para poner en marcha tu motor y mantenerlo andando todo el tiempo que lo necesites.

Tiene muy poco sentido hacer cualquier cosa en la vida, si no puede terminarse. La máxima "si una cosa vale la pena, vale la pena hacerla bien" también aplica aquí. Esta técnica te da los medios para hacer bien lo que estás haciendo y con tu mejor habilidad. Permite un esfuerzo concentrado y decisión en tu enfoque a la vida que te separa del grupo. Aunque no es competitivo, también te muestra que puedes hacer algo y hacerlo bien si deseas triunfar en la vida. Esta técnica te ayudará.

También es bueno hacer la Respiración de Energía si estás débil, cansado o simplemente necesitas un estímulo adicional por cualquier motivo.

Es una técnica fácil de dominar y nuevamente puede realizarse en cualquier situación, sin que nadie lo sepa. En parte es una variación de las Respiraciones Cuádruple y Cuatro-Dos que ya hemos visto, aunque es un poco más difícil. La respiración implicada puede provocar un poco de tensión, así que emprende esta técnica suavemente, date cuenta y manténte dentro de la capacidad que sea cómoda para ti.

La meditación no tiene que ser una lucha y lo ideal es que se haga sin esfuerzo.

El objetivo de la Respiración de Energía no sólo es respirar sin esfuerzo, sino hacer todas las cosas fácilmente. Esto significa moverse con el flujo natural de esa fuerza vital que es verdaderamente tu ser.

La técnica de la Respiración de Energía permite que generes un flujo natural fuerte, animado y claro para seguirlo.

Por lo que se refiere a la salud cotidiana, la Respiración de Energía incrementará la circulación, ayudando con muchas condiciones secundarias, que pueden surgir como consecuencia de esto, como sabañones.

La técnica también fomenta el calor y después de hacerlo unos cuantos minutos, mientras se espera el camión o el tren en una mañana helada, ayudará mucho más que impacientarse o preocuparse por llegar tarde.

Descubrirás que en un nivel general, también estarás más despierto y alerta, con una percepción incrementada. La Respiración de Energía es excelente si estás cansado y necesitas mantenerte despierto, por ejemplo, manejando grandes distancias o durante el estudio.

Como fomenta una nueva fuerza y energía por tu sistema, entonces, respondes a esa energía. Esto significa que todos tus sentidos reciben un estímulo y, por lo tanto eres más consciente y capaz.

La técnica se hace mejor cómodamente sentado o acostado, con los ojos cerrados, aunque esto no es recomendable en algunas circunstancias (¡mientras estás manejando!). Relájate lo mejor que puedas, después empieza.

Toma un momento para darte cuenta de tu estado anímico. Haz una pausa y deja que tus sentidos te hablen, percibiendo cómo estás y cuáles son tus necesidades en este momento.

En este momento, tu respiración será bastante superficial y se dará sin ningún esfuerzo. Date cuenta desde dónde estás respirando y ajusta esto si es necesario, para que tu respiración venga desde tu estómago, no de tu pecho. Ahora, profundiza un poco más tu respiración, sin tensarte. Date tu tiempo con el ejercicio, no hay prisa.

Cuando sientas que estés listo, empieza a contar tu respiración. Cuando empieces a contar, inhala hasta que hayas contado hasta diez. Esto puede ser un poco más o un poco menos. El número exacto no es importante. Lo importante es tomar una buena respiración, ya que esto es lo que genera la fuerza de la energía requerida. El número variará, dependiendo de tu estado de salud y tu condición en ese momento. No te arriesgues demasiado y tómalo con calma. Mientras incrementas tu energía, descubrirás que puedes incrementar tu respiración.

Habiendo inhalado a la cuenta de diez, doce o algo así, ahora contén la respiración y cuenta hasta tres, cuatro o cinco, dependiendo de la duración de tu inhalación. A continuación, exhala con la misma cuenta que inhalaste, sean diez, doce o lo que sea. Después, contén tu exhalación, con tus pulmones vacíos por la misma cantidad que contuviste en tu inhalación (tres o cuatro, etc.). Después, simplemente repite este procedimiento todo el tiempo que lo desees, con un tiempo recomendado entre diez y quince minutos, procediendo fácil y uniformemente para ti. Cuando hayas terminado, deja que tu respiración se relaje nuevamente y espera un momento, relajándote de este modo.

Date cuenta de tu estado anímico en este momento, notando cualquier cambio en tus sentidos y tu actitud hacia tus necesidades. Vuelve a arraigar tu energía y termina.

Entonces la técnica es la siguiente:

Arraiga y conecta

Haz una pausa para examinar tus necesidades

Inhala (de diez a doce)

Contén la respiración (de tres a cuatro)

Exhala (de diez a doce)

Contén la respiración (de tres a cuatro)

Repite esto de 10 a 15 minutos

Haz una pausa para volver a examinar tus necesidades

Arraiga

Es importante no forzar tu respiración en este ejercicio. El objetivo es incrementar la energía, no agotarla y esto es lo que sucederá si intentas demostrar cuánto tiempo puedes respirar. Esto puede dar como resultado que te quedes sin aliento o algo más. Después de que hayas respirado de esta manera por un tiempo prolongado, ten cuidado cuando termines, ya que provocará que te sientas un poco mareado. Recuerda que lo importante es el ritmo de la respiración y este debe ser relajado y natural.

Manten una concentración relajada y recibirás el beneficio máximo de este valioso ejercicio.

Ejercicio de Recargo

Otro ejercicio diseñado para ayudarte a fomentar y después a mantener un flujo de energía óptimo, que como sabemos es vital para la salud y la vida eficiente, es el Ejercicio de Recargo. Esto se enfoca más en el movimiento y el flujo de la misma energía, en vez de su generación resultante a través de la respiración.

Los beneficios descritos antes para la Respiración de Energía, aplican aquí y esta técnica debe considerarse un poco más avanzada que esa.

El Ejercicio de Recargo también profundiza un poco más tu experiencia de la energía, para que puedas sentirla trabajando por tu cuerpo, en sus diversos niveles. Esto te presenta a la existencia y el funcionamiento del cuerpo energético, el cual exploraremos por completo en el siguiente Capítulo.

También es bueno realizar esta técnica después de un día de trabajo o de actividad extenuante, cuando tienes la necesidad de un estímulo y también para ayudarte a que obtengas una mayor conciencia y control sobre tu cuerpo.

El Ejercicio de Recargo también te introduce a la idea del color. Esto se analizará por completo en un Capítulo posterior, pero por ahora, lo único que necesitamos saber es que entre el dorado y el plateado nos dan una identidad equilibrada.

Nuevamente, la técnica puede hacerse sentado o acostado, como tú prefieras. Arráigate y conéctate como siempre y dedica un momento para relajarte y percibir tu estado anímico. Para hacer esto, sólo pregúntate sin prejuicios '¿Cómo estoy?' y deja que te lleguen las respuestas. Concéntrate en cualquier necesidad específica que sientas en este momento que puedas tener. Ahora, establece un ritmo y un patrón estable en tu respiración, sin hacer demasiado hincapié en la importancia de esto. Un flujo relajado y natural es lo que se necesita, nada más.

Ahora, cuando vuelvas a inhalar, imagina e intenta sentir que estás inhalando la fuerza, la cualidad y la energía del dorado por tu cabeza, descendiendo a través de tus pies. Imagina que este flujo baja cada vez que inhalas. Continúa con esto durante siete respiraciones, hasta que sientas que el dorado ha llenado todo tu cuerpo de la cabeza a los pies. Ahora repite e invierte el procedimiento, esta vez inhalando el plateado, con sus cualidades y energía correspondientes, desde tus pies hasta la parte superior de tu cabeza. Sigue inhalando plateado durante siete respiraciones.

Ahora, concentra tu mente en tus pies, colocando tu punto de enfoque y tu concentración firmemente en tus pies. Percibe solamente tus pies y cuando vuelvas a inhalar, deja que tu mente suba a tus rodillas.

Recuerda que tu misma respiración es una energía y que tomar una respiración enfocada de este modo, crea una energía parecida a ese enfoque. Así que mientras inhalas y subes tu atención de tus pies a tus rodillas, atrae la energía que le sigue a tu pensamiento también hacia tus rodillas.

Toma tres respiraciones de este modo, subiendo cada vez tu conciencia y tu energía de tus pies a tus rodillas. Entre estas tres "respiraciones de energía" sólo relájate mientras exhalas. Después toma tres respiraciones desde tus rodillas, elevándose tu mente y tu concentración con la energía, a tus caderas. Toma tres respiraciones subiendo cada vez hacia este nivel y relajándote cada vez mientras exhalas.

En la siguiente respiración, subes de la Base de tu columna a tu abdomen, subiendo a un punto justo abajo del ombligo. Toma tres respiraciones igual que antes. Después subes del ombligo al plexo solar, situado justo abajo de la caja torácica.

Toma tu tiempo con cada una de las tres respiraciones, porque cada etapa depende de la anterior, para subir una después de otra con la misma fuerza y energía. Sube ahora del plexo solar al corazón y después, del corazón a tu garganta, siendo esto precisamente en la base de tu cuello, no más arriba. Haz tres inhalaciones para cada nivel, atrayendo cada vez la energía mientras lo haces.

Ahora dirige tu atención a tus manos y brazos. Toma las mismas tres inhalaciones para cada sección, moviéndote a su vez de las puntas de tus dedos a tus codos y después de tus codos a tus hombros. Luego enlaza arriba la energía, desde tus hombros hasta tu garganta, a la cual ya llegaste antes con la misma técnica. Ahora puedes llevar la respiración y la energía de tu garganta a tu frente y, finalmente, de aquí hasta la parte superior de tu cabeza.

Asegúrate de que la energía que hayas creado no se salga por encima de la parte superior de tu cabeza. Ya te habrás conectado aquí y el objetivo de esta meditación es generar más energía para ti, no enviarla hacia afuera. Simplemente, asegúrate de que tu enfoque esté en el área interna de tu cabeza, no fuera de ella. Antes de terminar, dedica ahora un momento para percibir cómo te sientes y tus necesidades en este momento, observando cualquier diferencia que pueda haber.

Aquí, puedes regresar de tu meditación, recordando arraigarte antes de volver a unirte al mundo cotidiano, abre tus ojos o levántate. Ten cuidado para regresar, pero tampoco generes un flujo de fuerza tan fuerte que la energía que has creado se regrese a la Tierra. Comprende y recuerda que la energía existe en un reino y un nivel sutiles. Mientras profundizas tu respiración a tu regreso, sólo presiona un poco tus pies contra el suelo en donde estás y descubrirás que esto te arraiga bastante.

La técnica para el Ejercicio de Recargo es la siguiente:

Arraiga y Conecta

Haz una pausa para examinar tus necesidades

Respira dorado de la cabeza a los pies, siete respiraciones

Respira plateado de la cabeza a los pies, siete respiraciones

Toma tres inhalaciones en etapas ascendentes a través de tu cuerpo

Haz una pausa para volver a examinar tus necesidades

Arraiga

Esta técnica te dejará vigorizado y revitalizado, desde la punta de los dedos de tus pies hasta la parte superior de tu cabeza. Te dejará rebosante de salud y vitalidad. Por esto, puede existir la tentación de apresurarse a salir y recuperar los cientos de tareas que esperan tu atención. ¡No caigas en esta trampa! En cambio, tómalo con calma y conserva esa energía. Puedes descubrir que duermes profundamente la siguiente noche, que es cuando tu sistema de energía procesará la afluencia de lo que ha recibido y te hará que recibas el beneficio completo de esta meditación. Si sigues el impulso de apresurarte, descubrirás que te agotas rápidamente, te cansas en exceso y quedas peor que cuando empezaste. Lo que se necesita es que la energía simplemente se impregne en ti y que el "sistema de energía" antes mencionado haga su trabajo.

En el siguiente Capítulo, examinaremos y exploraremos cómo podemos usar este sistema de energía para la salud del Cuerpo, Mente y Espíritu, además de otras cosas, pero antes de que lo hagamos, hay otra meditación que debemos dominar antes de que podamos saber cómo usar el sistema que funciona en cada uno de nosotros en el nivel energético.

Respiración Básica de Color

Esta meditación utiliza dos aspectos de la energía que encontraremos con lujo de detalles más adelante en el libro. Estos son: el color y el concepto de los chakras o centros de energía. Aquí el propósito principal de la introducción de este ejercicio, es profundizar tu conocimiento y tu sensibilidad a la energía.

En esta meditación, dividimos el flujo básico de la energía de la fuerza vital en sus componentes principales de color, los cuales son los colores del arco iris; el espectro de colores. Como podremos ver cuando exploremos el campo de energía humano en el siguiente Capítulo, cada uno de estos colores está enlazado a un nivel diferente en el ser humano, por uno de los chakras. Para el objetivo de esta meditación, esto es todo el conocimiento que se requiere para trabajarlo con éxito.

Es una buena meditación para inducir a una sanación general, mientras se da también la opción de un flujo específico de energía de sanación a cualquier nivel o área en particular. Es un método de entrenamiento excelente para la conciencia personal, dándole al practicante un concepto y una sensación profunda del sistema humano a un nivel que tiene un alcance más profundo más allá del físico.

A través de esto se adquiere el conocimiento de la interacción personal con el mundo más extenso y el Universo que nos rodea. Este ejercicio es, por lo tanto, un método para desarrollar la responsabilidad personal, que es el resultado de esta conciencia expandida y de la capacidad para interactuar. Recuerda que estos beneficios son sutiles, pero no son menos poderosos e importantes por esto.

Para empezar la Respiración Básica de Color, Arráigate y Conéctate, como siempre, y percibe ese sitio de equilibrio y paz interiores, que se encuentra en el centro de todas las cosas con vida. Reflexiona por un momento en esto y examina qué bloqueos u obstáculos podrían estar impidiendo que experimentes una conciencia total de esta paz y esta quietud. Esto puede ser en cualquier nivel (o una combinación de eso), sea espiritual, mental, emocional o física. No reacciones ante este bloqueo, simplemente percíbelo. Aquí no hay crítica, pensamiento o sentimiento, sólo conciencia. Permítete percibir lo que se está interponiendo entre la paz interior profunda en tu ser y en tu vida, y tu. No busques respuestas, permite que lleguen a ti. Entre más lo intentes, más difícil será.

Cuando estés listo, percibe tu respiración. Observa desde qué parte de tu cuerpo estás respirando y lleva tu respiración a un nivel más profundo en tu estómago. Esto te da la seguridad de poder relajarte, en vez de respirar desde tu pecho, que es señal de tensión. Lenta y tranquilamente establece un patrón y un ritmo para tu respiración, sólo un poco más profundo de lo que acostumbras para tu meditación. Por supuesto, el objetivo aquí es sentirte bien con tu respiración y seguir relajado, pero percibiendo la respiración, entonces, para mantener ese enfoque, se necesita una concentración relajada. Esto, de por sí, genera un flujo de energía a través de tu respiración. Cerciórate, que tu respiración sea serena y de ninguna manera esté forzada, y entra en este patrón de respiración mientras sigues en meditación.

Cuando te sientas listo, lleva tu mente a un punto claro de enfoque y atención, y concéntrate en el área de la base de tu columna. Esta área está en la parte posterior de tu cuerpo y sale por el frente. Rebasa tu cuerpo físico unos cuantos centímetros por el frente y por atrás. Mientras diriges tu enfoque a esta área de tu cuerpo y de tu ser, empieza a agregarle el color rojo a la sensación y al flujo de tu inhalación. Simplemente imagina el aire que estás inhalando, en rojo. Debe ser un rojo mediano y transparente, sin ninguna marca, ni demasiado obscuro y tampoco muy claro, que es un principio general para todos los colores que inhales en esta meditación.

Mientras inhalas el color rojo, imagina e intenta sentir el efecto que tiene en ti, mientras fluye por el área de la base de tu columna. Siente la energía del rojo impregnando tu ser y tu cuerpo en este nivel, vigorizándote y levantándote. Inhala este color rojo por un total de siete respiraciones, pero no te preocupes demasiado con la cuenta. Es más importante percibir y sentir bien el efecto del color rojo que atraes hacia ti mientras respiras. Aspira varias veces y el trabajo quedará realizado, atrayendo el nivel rojo del espectro en ti mismo. Después, deja la respiración en rojo y relájate con unas respiraciones.

Ahora sube un nivel, esta vez a tu estómago y específicamente a un punto exactamente abajo del ombligo. Ahora, mientras inhalas, agrégale el color naranja a tu respiración y aspira este hacia tu ser como antes, tanto por el frente como por atrás, con siete respiraciones. También, igual que antes, percibe cualquier sentimiento o sensación que parezca resultar por los efectos de la energía naranja que en este momento entra en ti. Esto puede consistir en calor, frío, hormigueo, imágenes, sentimientos, pensamientos, símbolos, palabras, etc. No reacciones ante estas, sólo percibe el efecto de cada color en ti mientras lo inhalas hacia tu interior. Inhala las siete respiraciones y después relájate un momento mientras te acostumbras para subir al siguiente nivel.

Cuando te sientas listo, lleva el enfoque de tu mente y de tu concentración al área de tu plexo solar, el hueco que se encuentra abajo de las costillas. En este nivel, inhala a través de tu cuerpo el color amarillo, transparente y uniforme, igual que antes, son siete respiraciones. Permanece consciente de su efecto en ti, toma todo el tiempo que necesites para que se dé este proceso. Descansa unos instantes para aclimatarte y adaptarte, después sigue adelante.

Ahora lleva tu enfoque al nivel de tu corazón y aquí respiras, en y a través de tu cuerpo, el color verde. Nuevamente, este no debe ser ni muy obscuro ni muy claro. Inhala esta energía y color verde durante siete respiraciones, observando su efecto aparente en ti y después vuelve a descansar.

A continuación sube al nivel de tu garganta, aquí el centro de energía está localizado en la base del cuello, donde hay un área blanda. Aquí el color de la energía que se inhala es el azul, nuevamente, ni obscuro ni claro. Observa qué efecto tienen en tu ser las siete respiraciones de este color y, nuevamente, descansa antes de seguir adelante. Esto es importante para adaptarte y dar oportunidad a que la energía se estabilice en tu interior en el nivel apropiado.

Sube tu concentración a tu frente, nuevamente, desplazándote a través del cuerpo por el frente y por atrás. Esta es el área del famoso Tercer Ojo, un área muy sensible. Aquí inhala el color índigo. El índigo es una combinación de azul y violeta, resultando en lo que muchas veces se llama púrpura, pero cerciórate de que el color que visualices no sea demasiado obscuro. Aquí puedes empezar a sentir más respuestas, ya que este nivel es muy sensible y está enlazado con los asuntos elevados. Sé delicado y no forces nada, simplemente inhala siete respiraciones índigo, igual que antes.

Descansa cuando hayas completado las respiraciones y sube al último nivel de esta meditación. Este es al nivel de la coronilla, situado exactamente arriba y al centro de tu cabeza. Aquí inhalas el color violeta, todavía es púrpura, pero es mucho más claro que el de antes. De nuevo, este está enlazado a un estímulo y una conciencia más elevados y puedes recibir unas sensaciones bastantes fuertes. Si no es así, no te preocupes, el objetivo de esta meditación no es descubrir información clarividente, sino desarrollar tu percepción del ser que eres verdaderamente y de ese modo obtener un mayor control sobre ti mismo. Haz siete inhalaciones en violeta y después descansa.

Ahora has recorrido los niveles y los centros de energía de tu cuerpo, terminando en el nivel más elevado. Esto puede dejarte con una sensación como si hubieras crecido enormemente o que tu cabeza se ha expandido en todas direcciones. Estas y otras sensaciones similares sólo son percepciones de la energía.

Es posible que te sientas mareado y alejado del mundo exterior. Sólo acepta estas sensaciones, ya que pronto te acostumbrarás a ellas y no son dañinas —de hecho, usualmente son muy agradables y valiosas como un medio tangible para saber que algo está sucediendo.

Permanece donde estés unos instantes, por el tiempo que sientas cómodo para ti. Sin embargo, no pierdas tu concentración y empieces a pensar con tu mente cotidiana. Si esto empieza a suceder, es momento de regresar. Mientras estás aquí, examina ahora qué es lo que te impide sentir la paz y el equilibrio profundo en el corazón y centro de tu ser.

En este nivel, si es que hay algo, será muy poco. Sin duda esta meditación te lleva fuera de los problemas de nuestro mundo lineal aparentemente importante. Aquí llegas a una percepción de las cosas más verdadera y precisa, como realmente son. Comprende esto en tu interior y cuando estés listo, empieza a regresar.

Es vital que regreses de este nivel elevado, las sensaciones que puedes estar sintiendo en este momento demuestran precisamente por qué debes arraigarte antes de levantarte. Para hacer esto, concéntrate nuevamente en tu cuerpo físico y en tus pies. Imagina que todo el interior de tu cuerpo desciende y regresa a su forma acostumbrada. Siente tus pies y tu cuerpo en el suelo, donde estás y presiona un poco tus pies contra este. Gradual y lentamente aumenta la profundidad de tu respiración hasta que regrese a lo normal. Cuando estés listo, deja que se abran tus ojos y toma tu tiempo para adaptarte antes de moverte.

La técnica para la Respiración Básica de Color es:

Arraiga y conecta

Haz una pausa para examinar los bloqueos de la paz

Inhala en rojo en la base de la columna

Inhala en naranja en el estómago

Inhala en amarillo en el plexo solar

Inhala en verde en el corazón

Inhala en azul en la garganta

Inhala en índigo en el entrecejo

Inhala en violeta en la coronilla

Haz una pausa para volver a examinar tu paz

Arraiga

Este ejercicio te da una muestra de lo que puedes lograr a través de la meditación y es excelente para elevar tu percepción de las cosas. Esto me recuerda una técnica que me recomendaron hace mucho tiempo y que todavía uso actualmente, para cuando uno se siente rodeado y vencido por problemas y dificultades. Imagina que te elevas de modo que puedas ver hacia abajo la habitación o el espacio donde estés. Después sube aún más y voltea hacia abajo a la casa o la construcción donde estés, después la calle, luego la ciudad y sigue subiendo hasta que puedas ver toda el área. Sigue subiendo hasta que el país esté a la vista y después todo el globo de la Tierra. Sigue saliendo hacia el espacio exterior y después recuerda tus problemas abrumadores. Dc alguna manera aquí afuera no son tan importantes. Regresa abajo a donde está tu cuerpo y analiza otra vez tus dificultades — inormalmente son mucho más sencillas!

La Meditación de la Respiración Básica de Color hace lo mismo que la anterior, pero dentro de los parámetros de tu propio cuerpo y de tu ser. Esto nos dirige amablemente a la siguiente área de la meditación con energía, que debemos explorar de este modo — la del sistema de energía humano.

Capítulo 5

Meditaciones del Sistema Energético

Hasta aquí hemos visto y sentido la fuerza vital energética que fluye a través de todas las cosas con vida, sea animal, planta o humano. Hemos explorado y experimentado cómo se puede utilizar esta energía para ayudarnos a adquirir mayor conocimiento y por ello, un control sobre nosotros mismos y nuestra vida. El eje de esto ha sido la idea de situar nuestra conciencia en el corazón mismo de nuestro ser, de donde procede nuestra sensación de paz. Al entrar a este lugar de paz hemos podido implantar por completo esto en nuestra vida diaria.

Ahora ha llegado el momento de examinar el funcionamiento de este proceso, examinando cómo absorbemos esta fuerza vital energética en nosotros mismos y cómo se convierte en emociones y acciones. Por medio de esto llegamos a ver cómo podemos utilizar este proceso para determinar qué necesitamos en la realidad cotidiana que experimentamos.

En este libro me he referido al cuerpo y al ser de diversas maneras. Estos son distintos, sin embargo, están enlazados. El cuerpo es lo físico y lo material inmediato, esqueleto, piel y todo lo que se encuentra en medio de esto. Se considera al ser haciendo referencia al cuerpo físico además del sistema energético que lo circunda. Comúnmente, este se conoce como aura o campo energético humano que rodea e impregna el cuerpo físico. Sin embargo, debemos analizar esto más detalladamente y presentar la relación entre el aura, los chakras y las glándulas, y por consiguiente, algunas funciones internas del cuerpo.

El aura es un campo electromagnético que emana del cuerpo físico en los adultos normales y saludables, hasta alrededor de 60 a 90 cm. del cuerpo. Contiene mucha información y los que tienen muy desarrollada su visión interna la pueden ver algunas veces. Esto usualmente es en forma de colores, que ya hemos visto un poco en la Meditación de Respiración de Colores básica.

El aura continuamente está absorbiendo de todos lados la fuerza vital energética, de la luz solar, el aire, otros seres vivos, etc. La condición y la calidad de esta energía contribuyen enormemente en la formación de qué y quién somos. Por lo tanto, se deduce que podemos hacer conexión con ese flujo y utilizarlo de una manera provechosa.

El aura tiene en su interior varios niveles, de los cuales cada uno contribuye en un aspecto de nuestra identidad total. Vamos a examinar estos aspectos cuando hagamos las Meditaciones del Aura. Una vez asimilada esta energía en el aura, de la cual surge toda la vida, fluye a los chakras desde donde puede desplazarse al organismo físico. Chakra es una palabra Sánscrita que significa rueda o disco y cada chakra puede considerarse como un vórtice de energía o centro de poder, con una emanación de fuerza vital desplazándose a través de este.

Hay siete chakras principales localizados en los puntos de la columna y mas arriba, los cuales enfocamos en la Respiración de Color básica, pero hay muchos puntos de chakras menores en las palmas, pies, rodillas, etc. Aquí sólo nos interesan los siete chakras principales conocidos. Cada chakra absorbe y procesa la energía del aura que está relacionada con un aspecto y un nivel específico de nuestro ser. Es necesario tener una emanación buena y saludable de cada chakra para tener buena salud en cada uno de estos niveles y en combinación. A través de las Meditaciones de los Chakras incluidas aquí, veremos cómo podemos mantener esta emanación y así tener buena salud, entre otras cosas.

Entonces, es evidente que los sistemas energéticos del ser humano desempeñan un papel vital e importante, estructurando y configurando lo que se experimenta físicamente, sea en síntomas de enfermedad, sentimientos, pensamientos o acciones. En este nivel de energía, podemos adquirir estas cosas y también construir la realidad física que deseamos para nosotros. Aquí debemos recordar, primero, lo importante que es aceptar totalmente la idea de que todas las cosas suceden antes en este nivel de la energía.

Este concepto debe quedar asimilado en tu consciencia, antes de que puedas usar las meditaciones de este Capítulo con todos sus efectos. Recuerda la máxima "la energía le sigue al pensamiento" y tienes el motivo de esto. Entre más se orienten tus pensamientos y tu concentración, será mejor la energía que emane de ellos. Cualquier duda o distracción afecta el flujo de la energía, que, como vemos, afecta la realidad que experimentas. ¡No me gustaría crear un mundo que se desvaneciera en ocasiones porque no pude concentrarme por dudar que realmente estuviera ahí!

Conciencia del Aura

Si tienes dudas, esta meditación es una buena técnica para percibir la existencia del aura. Esta meditación se puede usar más eficazmente como medicina preventiva, ayudando a evitar que ocurra el malestar, manteniendo la condición del aura. Igual que el cuerpo físico, el aura se beneficia por el movimiento y la fluidez, y esto es lo que le da esta meditación al aura. En esencia, aquí tenemos un ejercicio físico para el aura — ¡el primer ejercicio físico de la nueva era!

Quizás esta meditación se realiza mejor acostado. Si escoges esto, asegúrate de que tu cabeza esté apoyada en un cojín pequeño o una almohada. Si es necesario aquí, vuelve a leer la sección de la postura del Capítulo Uno para encontrar qué posición es mejor para ti. Esta meditación, además es una de las raras ocasiones en que no es necesario el arraigo y la conexión. Esto es porque no "estás yendo al interior" en la meditación o viajando a algún lado.

De hecho, arraigarse fuertemente puede obstaculizar la conciencia en este ejercicio, ya que estamos pretendiendo entrar un poco al aura. Sin embargo, es muy necesario arraigarse después, como siempre.

Para empezar, cierra tus ojos y deja que tu cuerpo se relaje. Mientras estás acostado ahí, deja que tu cuerpo se estire en el suelo mientras te relajas más y más. Toma una respiración profunda, conteniéndola un momento antes de dejar que salga y relájate mientras exhalas.

Imagina y siente que tu cuerpo se deshace sobre el piso, dejando que salga toda la tensión. Deja que el piso soporte todo tu peso. Suelta tu respiración y deja que suceda esto naturalmente, sin tensarte o esforzarte de ninguna manera.

Entonces, percibe los límites de tu cuerpo físico. Sólo acuéstate ahí y siente dónde termina tu cuerpo, viajando mentalmente por todo alrededor del contorno de tu cuerpo. Empieza por tus pies, sube por un lado (no importa cuál), pasa por encima de tu cabeza y regresa hacia abajo por el otro lado, nuevamente hasta tus pies. Muévete lenta y tranquilamente, manteniendo tu enfoque y tu concentración. Toma todo el tiempo que necesites y no te apresures. Ir muy despacio es mejor que muy rápido. Cuando regresas a tus pies, conoces muy bien tu cuerpo físico y su área de existencia.

Ahora deja que tu cuerpo pierda su peso. Haz esto, recordando el hecho de que tu cuerpo está formado principalmente de energía. Siente y percibe tu propia fuerza vital energética en tu interior. Siente su flujo y su movimiento por tu cuerpo. Como estás relajado, es muy fácil sentir que eres muy liviano. Imagínate con cada respiración que tomes, que cada vez eres más liviano, y de pronto, quedas completamente ingrávido, imaginando que flotas un poco sobre el piso.

Ahora, en tu imaginación, deja que tu cuerpo se estire, primero por tu cabeza hacia arriba y después hacia abajo por tus pies, a una distancia de sólo cinco centímetros. No es que ahora seas más alto, pero realmente te moviste hacia arriba siete centímetros, y después hacia abajo otros siete centímetros aproximadamente. Percibe tu respuesta a esto y nota cómo se siente. Aquí el objetivo es entrar a tu aura, arriba y después abajo.

Cuando hayas hecho esto, regresa otra vez a tu cuerpo físico, mientras sigue flotando sobre el piso, inmóvil e ingrávido. Cuando estés listo, deteniéndote el tiempo que necesites, imagina que vuelves a subir, esta vez a una distancia aproximada de treinta centímetros. Percibe cómo se siente esto y después regresa a través de tu cuerpo, bajando por él nuevamente, a una distancia aproximada de treinta centímetros.

Nuevamente, observa aquí tu respuesta y tu sensación.

Si lo deseas, haz una pausa y después continúa. Esta vez asciende sobre tu cuerpo físico al borde de tu aura, a una distancia aproximada de un metro.

Muévete lenta y suavemente y tómate tu tiempo. Permítete subir y sentir lo que puedas. Después baja al borde de tu aura y percibe lo que puedas aquí.

Es importante no regresar a tu cuerpo físico para la siguiente etapa de esta meditación. Ahora empieza a expandir y a contraer el aura misma. Esto puede hacer que surjan algunas sensaciones y respuestas bastantes fuertes y poderosas, así que procede suavemente y con precaución. Cuando estés listo, regresa tu atención a tu respiración, pero sólo percíbela, no la cambies o la alteres de ninguna manera. Deja que tu respiración se mantenga natural y tranquila.

Mientras inhalas, imagina y percibe que estás dibujando el aura. Exhala de una manera natural y concéntrate en tu inhalación, aspirando todo el tiempo en el aura. Poco a poco, el aura se contraerá hasta que esté bastante ajustada en ti. Esto puede hacerte sentir un poco incómodo o, en el peor de los casos, ligeramente claustrofóbico.

Percibe tu respuesta de lo que estás haciendo y continúa con esta parte de la meditación hasta que sientas que tu aura está ahora cerca de tu cuerpo físico.

Puedes sentir un poco de presión sobre ti mientras se acerca la energía del aura. Permanece así un momento, todavía flotando sobre el suelo y percibiendo cerca tu aura a tu alrededor. Siéntela debajo de tu cuerpo así como arriba, abajo y a los lados.

Ahora dirige tu atención a tu exhalación, nuevamente sin alterar el nivel de tu respiración. Mientras te concentras en tu exhalación, deja que tu aura se mueva hacia afuera. Sigue concentrándote en tu exhalación y en dejar que tu aura se expanda hacia afuera, más allá de su tamaño normal y hasta los mismos bordes que pueda llegar. Mientras hagas esto, empezarás a tener una sensación de expansión y de espacio, que es muy agradable y también permite percibir bastante bien tus capacidades.

Exhala el aura hacia afuera y expándela todo el tiempo que parezca necesario, después descansa un momento y reune tus sentidos, sintiendo lo que puedas y permitiendo que las sensaciones y la conciencia vengan a ti. Relájate y déjate llevar ahora si lo deseas.

Habiendo tomado todo el tiempo que necesites, luego inicia tu retorno. Regresa tu conciencia a tu cuerpo físico y percibe de nuevo su peso. Haciendo esto regresarás por completo a tu cuerpo físico. Una vez más, toma conciencia de su peso y de ti mismo acostado en el suelo. En este momento, arráigate como siempre, tomando tu tiempo como acostumbres y sea necesario.

La técnica de la Conciencia del Aura es la siguiente:

Acuéstate, relaja el cuerpo

Muévete hacia arriba, después hacia abajo,
siete centímetros

Muévete hacia arriba, después hacia abajo,
treinta centímetros

Muévete hacia arriba, después hacia abajo,
setenta - noventa centímetros

Regresa al cuerpo físico

Inhala el aura

Exhala el aura

Arráigate

Esta meditación es una excelente introducción para las técnicas siguientes.

¡También es muy práctica si quieres llamar la atención o a la inversa, pasar desapercibido!

Simplemente respira el aura hacia adentro si no deseas exponerte o respírala hacia afuera si deseas llamar la atención.

Meditaciones del Aura

El aura se ha estudiado y comentado durante miles de años, últimamente se le ha dado mucha atención a su estructura y su uso en el campo de la sanación.

Los sanadores y ahora algunos científicos, han descubierto que la transmisión de la fuerza vital energética en las partes apropiadas del aura tiene un efecto benéfico, ayudando a la recuperación del paciente.

Lo que sucede realmente, es que la afluencia de energía transmitida por el sanador, permite que los pacientes se curen a sí mismos.

Exactamente hacia dónde deba dirigirse esta energía en el aura, depende de la ubicación y la naturaleza del malestar que afecta al paciente. Esto también dependerá de los métodos personales para ingresar al aura con este propósito.

Se acepta ampliamente que hay siete cuerpos o capas principales en el aura, existiendo fuera del cuerpo físico. Cada uno impregna el cuerpo físico y se superpone al anterior, extendiéndose hacia afuera, hasta que la última o séptima capa alcanza una distancia de setenta centímetros a un metro, del físico. Cada una de estas siete capas está relacionada con uno de los chakras a lo largo de la columna, enlazando la capa "etérica" más profunda con el cuerpo físico.

De esta manera, cada chakra atrae al interior la fuerza vital energética, del nivel del aura hacia aquél con el que esté alineado.

En las siguientes meditaciones de los chakras, examinamos la pertinencia de estas siete capas y aprendemos a utilizar cada aspecto, ya que contribuye a nuestra integridad.

Ahora, para las meditaciones del aura, debemos usar su otra división aceptada. Esta es en cuatro "cuerpos" o áreas, teniendo cada uno su propia función específica. Ahora dirigimos nuestras meditaciones del aura a estas funciones.

Entonces, los cuatro cuerpos del aura son: el etérico, el emocional, el mental y el espiritual; relacionándose cada uno con esa área en nosotros y en nuestra vida.

El espiritual está relacionado con la inspiración, la conciencia y el sentimiento espiritual, etc. El cuerpo mental se relaciona con las funciones de la mente y el estado psicológico. El emocional, con los sentimientos y las emociones en nuestra vida. El etérico (de "éter", y se relaciona con lo que está entre la materia y la energía, la forma y la fuerza) está relacionado con los aspectos más mundanos, los instintos que cada uno tenemos y que responden en este nivel. Se considera que el etérico es la energía equivalente u homóloga del cuerpo físico.

Se debe mencionar que en esta etapa, aún no entro en detalles respecto a la estructura del aura, su relación con los chakras y la forma en que está determinada nuestra vida desde este nivel.

Esto no es a costa de la veracidad, sino para que puedas aprender las bases del funcionamiento de este sistema energético. En cuanto se ha comprendido esto, tienes todo lo necesario para una meditación provechosa.

Mi objetivo no es impresionar con la complejidad de estas cosas, porque no lo son. Mas bien, me gustaría capacitarte para que percibas por ti mismo estas energías durante la meditación y puedas usarlas para crear y vivir de la manera más apropiada para una criatura cósmica con un potencial enorme.

Sólo entonces podremos tomar la responsabilidad total de nosotros mismos y del Universo en que vivimos, del que somos una parte intrínseca por este sistema energético. Los que deseen aprender más detalladamente el funcionamiento de este sistema, les hago referencia de los libros *"Hands of Light"* y *"Light Emerging"* (ver Bibliografía).

Meditación del Cuerpo Etérico de Energía

Para empezar, arráigate y conéctate, como siempre, y llega al sitio de equilibrio en el centro de tu ser. Desde aquí, expande tus sentidos internos sutiles y sensibilízate a la existencia de la energía.

Date la oportunidad, (no intentes) de sentir el movimiento y el flujo de tu energía etérica por y sobre tu cuerpo, expandiéndose no más de cinco a siete centímetros de ti. Deja que te lleguen imágenes y sensaciones, mientras exploras este reino etérico con tu mente y tus sentidos.

La capa de la energía etérica, muchas veces se percibe con un color azulado, viéndose como chispas de luz azul moviéndose a lo largo de las líneas energéticas del cuerpo y de esta primer capa del aura. Ve qué puedes percibir de esto, pero nuevamente, no te esfuerzes demasiado. También date cuenta de cualquier "sensación de la energía" que puedas sentir. Puede ser el acostumbrado hormigueo, calor, frío u otras sensaciones similares. Esta es la respuesta que notas del movimiento de la energía etérica, ocasionada por tu mente y tus pensamientos, no por la energía misma.

Date el tiempo suficiente para percibir la capa etérica, que sintoniza tu mente y tu ser a su frecuencia o a su velocidad de movimiento. La percepción de un tono más brillante o más intenso del color azul indica una frecuencia más rápida, que puede implicar aumento en los patrones de pensamiento, una mente presionada, preocupada o hiperactiva y cierto nerviosismo y ansiedad en la persona. Un tono del color más obscuro o grisáceo, puede indicar un pensamiento más lento, una mente más contemplativa, que también puede ser un poco perezosa o depresiva.

La energía etérica se puede percibir mejor buscándola con tus sentidos, ya que a través de estos puedes experimentarla.

Intenta sentir una vibración a través de tu cuerpo que se expande sobre ti. Imagina que tu cuerpo tiene una red de líneas de energía sobre y a través de este.

Ahora, date cuenta que desde este nivel y capa de energía etérica se forman tu cuerpo, tu mente, tus acciones y tu realidad. De este modo, puedes influir esta realidad con tu mente en todos estos niveles. Por lo tanto, puedes mejorar la calidad de tu propia realidad, no creando un flujo de energía etérica más rápido, sino de mejor calidad. A través de esa red de líneas de energía, imagina que brilla una luz blanca.

Observa y siente esto como una serie de líneas blancas que corren sobre y a través de tu cuerpo. Siente que la luz blanca actúa como un agente de limpieza en tu capa etérica. Haz esto suavemente, ya que muchas veces pueden resultar sensaciones poderosas. Continúa con esta acción, hasta que sientas que la luz blanca ha recorrido todo tu cuerpo.

Nos relacionamos con la energía etérica, o más bien, se relaciona con nosotros, por medio de nuestros sentidos, tacto, vista, oído, olfato, gusto e intuición. Esto constituye la siguiente fase de esta meditación.

Observa qué te da placer físico y pregúntate si en tu vida te das el tiempo suficiente para esto. ¿Qué necesidades físicas podrías estar descuidando en este momento y cómo puedes reparar esto? Resuelve tomar cualquier acción que sea necesaria.

Considera ahora tus alrededores. Estos no son los muros o el espacio cerca de ti mientras meditas, sino tu entorno cotidiano. ¿Prestas atención a esto y lo valoras? ¿Te parece hermoso o feo? ¿Qué y por qué es feo o hermoso? ¿Tomas en cuenta el color y la decoración del lugar donde vives y cómo podrías mejorar esto para que se adapte mejor a ti como persona? ¿Cómo podrías hacer que tu entorno esté más limpio o menos contaminado?

Ahora avanza para examinar lo que escuchas diariamente en tu vida. ¿Le prestas atención a los sonidos a tu alrededor o vives en un mundo dentro de tu cabeza, de modo que tus pensamientos encubren el ruido exterior? ¿Te distraes fácilmente con el ruido? ¿Cerca de ti hay mucho ruido provocado por el hombre o puedes escuchar los sonidos de la naturaleza diariamente? ¿Escuchas música o el parloteo de la televisión? ¿Qué efecto tienen sobre ti todas estas cosas y cómo podrías mejorar este aspecto de tu vida?

Ahora avanza en tus pensamientos al uso de la fragancia y el olfato en tu vida ¿Qué aromas percibes regularmente y cómo te afectan? ¿Usas perfume en ti y en tu casa, y con qué propósito y efecto? ¿Estás consciente de los olores contra natura que podrían afectarte negativamente en tu vida y qué pasos podrías tomar para eliminar estos y su efecto perjudicial sobre ti?

Ahora analiza el efecto del gusto en tu vida. ¿Realmente te detienes a saborear tus alimentos y cómo te afecta esto? ¿Disfrutas el sabor de la comida o sientes que tus papilas gustativas están anuladas por los químicos de tus alimentos, tabaco o exceso de alcohol? ¿Cómo podrías mejorar este aspecto de tu ser?

Por último, considera tu intuición. ¿Tienes una sensación de lo que es esto y cómo lo relacionas contigo? ¿En qué consiste tu conciencia intuitiva? y ¿respondes a ésta o la ignoras? ¿Te detienes el tiempo suficiente para escuchar lo que tus instintos te están diciendo en tu vida o te apresuras precipitadamente a la siguiente experiencia? ¿Cómo podrías permitir que tu intuición te guíe más y te acerque a su guía?

Cuando hayas analizado estos aspectos de tu vida satisfactoriamente, regresa completa y suavemente, percibiendo nuevamente tu respiración y tu cuerpo, arráigate como siempre.

El objetivo aquí, no es una experiencia placentera de los sentidos, sino simplemente apartar un tiempo para darte cuenta de cómo te afectan tus sentidos, ya que actualmente todo esto es demasiado esporádico en nuestra vida apresurada y ocupada. En un nivel más profundo, percibes más cada uno de tus sentidos en el estado alterado de conciencia que da la meditación y, entonces, en este nivel puedes hacer cambios en tu mente, que trabaja y tiene sus consecuencias en tu vida cotidiana. Por lo tanto, es una meditación y un método excelentes para mejorar la calidad de vida personal.

Meditación del Cuerpo Emocional

Cada emoción que sentimos, tiene un movimiento de energía correspondiente en el aura. Muchas veces relacionamos nuestros sentimientos y emociones con colores, como "estar morado de frío", "estar rojo de coraje", etc. Esto se refleja en el movimiento del color en el aura, por nuestras emociones.

Una "gota" de color se libera o se proyecta cada vez que tenemos un sentimiento. Un ejemplo que puede ilustrar esto, es cuando una persona se siente atraída a otra, se proyecta un color rosa hacia ella. ¡Si las dos son compatibles, le regresa lo mismo y ya está! Si no, el color regresa absorbiéndose en el emisor o se rechaza.

Qué tan condicionados estamos en cuanto al rechazo, que la forma en que reaccionemos depende de la sensación de esta energía rosa que se nos regresa. Este es un pequeño ejemplo de muchas funciones de la energía a través de nuestras emociones.

Empieza esta meditación con tu arraigo y conexión. Llega al centro de ti mismo y siente aquí la seguridad, desde donde puedes examinar tus emociones y tus sentimientos sin peligro, crítica y reacción.

Una vez relajado y "centrado" permítete analizar qué emociones prevalecen en ti y en tu vida en este momento. No reacciones a éstas, sólo percíbelas.

Toma en cuenta cómo te están afectando y a tus acciones en la vida. También piensa qué tan satisfecho estás con tus sentimientos. ¿Te molestan, te sientes cómodo con ellos? Analiza si desearías sentir más o menos en la vida. ¿Te sientes bien con la demostración de sentimientos de otros a tu alrededor o esto te hace desear que no sucediera?

Date cuenta que ahora estás en condiciones de cambiar tus sentimientos y el efecto de tus emociones sobre ti, desde este estado meditativo.Toma un momento para percibir esto por completo, porque aquí lo único importante es la claridad mental. El estado más elevado de la emoción se considera como amor incondicional, sea por uno mismo, otros, la Tierra o el Universo. Imagina y ve un tono rosado entrando suavemente por tu cuerpo y extendiéndose fuera de ti, a una distancia de quince centímetros o algo así (la distancia exacta no importa). Abre tus emociones y tú mismo para recibir este sentimiento de amor incondicional. Si no sientes nada, significa que estás bloqueando el sentimiento en algún nivel. Analiza por qué puede ser así y cómo puedes estar evitando recibir el amor incondicional. Deja que el rosa penetre por tu ser y te sature. Percibe tu respuesta en esto y cómo te hace sentir.

Toma todo el tiempo que necesites o desees con esta sección de la meditación. Cuando estés listo, vuelve a analizar tus emociones como se describió antes. Hazte las mismas preguntas que antes, observando si hay ahora alguna diferencia en tu sentimiento. Nuevamente sólo percibe, no reacciones o critiques. Sé amable y honesto contigo. Cuando hayas concluido tu viaje, regresa, arraigándote como siempre. Espera un momento antes de moverte, ya que esta meditación puede provocar sentimientos y respuestas sorprendentemente conmovedoras. El amor incondicional nos puede dejar con una sensación de mareo, ya que realmente es una fuente de energía muy elevada y poderosa que modela nuestro Universo — o lo haría si se lo permitiéramos.

Meditación del Cuerpo Mental

Con esta meditación, dirigimos nuestra atención a una de las energías subyacentes más fuertes, que va a hacer quién y lo que somos, que es nuestro pensamiento habitual. El cuerpo mental usualmente tiene un color amarillo y se ve más intenso en torno a la cabeza y los hombros, por razones obvias. La viveza o la palidez del amarillo depende del tipo de pensamientos que tengamos —alegres o tristes —para simplificar las cosas. En general, el color amarillo está teñido por gotas de otros colores, que están asociados con las emociones que tenemos. De esa manera, si una idea o pensamiento está bien formada y clara, así estará el color correspondiente en nuestra aura. Los pensamientos habituales se solidifican dentro del aura, ya que se cristalizan. Por este motivo es difícil romper con los hábitos. ¡También por este motivo son fáciles de romper por medio de la meditación!

Esto es porque la meditación puede provocar un cambio de conciencia o de conocimiento, y de este nivel surgen nuestro ser y nuestra vida cotidiana. En el nivel de meditación más profundo o elevado estamos en el nivel de la creatividad y la inspiración. Por lo tanto, es muy poderoso lo que determinemos o resolvamos en nuestra mente, mientras estemos en meditación. Podemos ver, entonces, cómo se puede usar la meditación para ayudar a romper con la conducta o los patrones de pensamientos adictivos. En meditación no puedes tener una sobredosis, así que si lo deseas haz esto diariamente para dejar de fumar, beber, jugar, etc. También obtendrás, en general, un mayor control de tu mente y de su efecto sobre ti por medio de esta meditación.

Empieza con tu arraigo y conexión, y encuentra tu centro. Deja que tus sentidos se expandan e imagina tu cuerpo mental extendiéndose, más o menos, a quince centímetros de tu cuerpo. Imagina esto en color amarillo. ¿Qué tono de amarillo llega naturalmente a tu mente —es obscuro o claro y qué te dice sobre tu estado mental actual?

Ahora analiza cómo está afectando tu mente en este momento, en ti y en tu vida. ¿Tienes un parloteo constante interminable de pensamientos que pasa por tu mente y deseas detenerlo? ¿Cómo podrías hacer esto? ¿Para tomar tus decisiones dependes únicamente de tu mente y no de tus emociones? ¿Deseas que tu mente sea diferente, más relajada, feliz y positiva? ¿Cómo puedes hacer que esto sea más como lo deseas?

Analiza si tienes establecido algún tipo de pensamientos habituales, sean recientes o antiguos y en cualquier nivel. Examina aquí si tienes hábitos que deseas romper en tu vida o forma. Resuelve hacerlo en tu mente, habiendo comprendido tus razones. Ahora observa un flujo amarillo claro y brillante penetrando en tu ser y en tu cuerpo. Permite que esto se desplace sobre y a través de ti. Siente que despeja tu mente y tu cabeza a su paso. Ve y siente el efecto que tiene esto en ti. Deja que las formas de pensamiento y de conducta antiguas y pasadas de moda que deseas abandonar, se alejen de ti y se disuelvan en la nada. Continúa con este proceso, hasta que sientas que haz logrado una nueva claridad mental.

En este momento vuelve a analizar el estado de tu mente y su efecto en ti. Observa qué diferencia sientes en tu interior ahora. Vuelve a hacer las preguntas anteriores y observa cómo te sientes y reaccionas ahora a éstas.

Dedica un momento para percibir el nuevo conocimiento en tu mente y cuando estés listo inicia tu regreso, arraigándote como siempre.

Meditación del Cuerpo Espiritual

El cuerpo, o capa espiritual del aura, no tiene un tono de color definido como los otros cuerpos, estando compuesto en realidad de todos los colores. Muchas veces se percibe como un resplandor de colores. Esto es por su vibración — la velocidad del movimiento de los colores y las energías — es mucho más rápida que en los cuerpos "inferiores". Muchas veces los colores que se perciben son dorado y plateado. Usualmente estos colores se consideran como los colores masculino y femenino respectivamente, siendo cada humano una combinación de estos dos, siendo quizás el aspecto dual de la Divinidad, pero esto depende de tu opinión de lo que o quién sea "Dios/a".

En este nivel más elevado de nuestra percepción individual se hacen y se planean nuestras identidades y "destinos". Cuando ingresamos en este nivel a través de la meditación, entonces nuestra atención se dirige al tema de nuestra vida, en general, y al nivel de realización en esa vida. Aquí se puede hacer mucho para modelar y extraer la esencia de nosotros mismos de una forma más enfocada y coherente. Cuando nuestras energías se observan con este formato, entonces, somos más directos y nos concentramos más en la realidad cotidiana de nuestra vida.

Empieza esta meditación con tu arraigo y conexión, como siempre, y deja que tus sentidos se expandan desde tu centro hasta abarcar la totalidad de tu ser. Aquí es importante adquirir una percepción buena y clara de la extensión de tu ser, en su totalidad, ya que esto es lo que representa el cuerpo espiritual.

Deja que tus sentidos internos estén completamente despiertos y alertas, mientras tu cuerpo está tranquilo y relajado. Siente todo tu ser, extendiéndose, más o menos, hasta un metro de tu cuerpo físico.

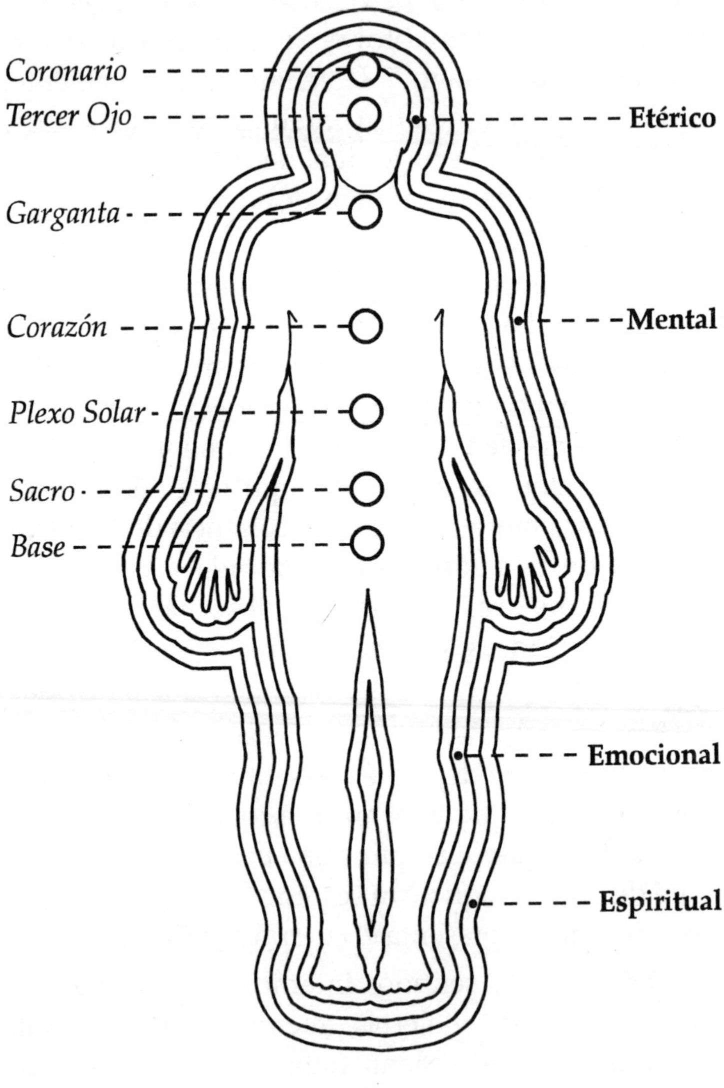
Coronario
Tercer Ojo
Garganta
Corazón
Plexo Solar
Sacro
Base
Etérico
Mental
Emocional
Espiritual

Permítete sentir esto y ve qué se siente percibir tu ser íntegro, quizás por primera vez.

Ahora analiza la condición de tu vida y de tu ser. Pregúntate qué tan satisfecho estás con tu vida. ¿Qué podrías hacer para mejorar esta satisfacción? ¿Te sientes satisfecho, no sólo en el sentido usual de las cosas y la materialidad cotidiana, sino en un nivel más profundo y con un elemento espiritual hacia esto?

Analiza qué es tu propia espiritualidad y si consideras que esto tenga alguna existencia. Deja que te llegue un conocimiento de tu propia espiritualidad y siente lo que esto significa para ti.

Analiza qué importancia tiene en tu vida diaria tu conciencia y tu ser espiritual, y cómo podrías incrementar esto, si sientes la necesidad. Deja que tu mente analice estas cuestiones todo el tiempo que sientas necesario. No forces las preguntas o las respuestas en tu mente, simplemente deja que lleguen a ti.

Ahora deja que se vayan esos pensamientos y en su lugar vuelve a dirigir tu atención al aura. Imagina una irradiación de color dorado y plateado resplandeciendo por todo tu ser.

Deja que ambos colores emanen igualmente sobre y dentro de tu cuerpo y de tu aura. Date cuenta de cualquier respuesta y estímulo que puedas tener por esto. Enfoca tu mente en esta irradiación de color y de energía dorada y plateada a través de tu ser, advirtiendo la respuesta que tengas a su paso.

Ahora regresa mentalmente a las preguntas y los pensamientos que se dieron antes, y reflexiona sobre estos una vez más, observando qué diferencia pudieron haber efectuado los colores y la energía elevada del dorado y plateado.

Aquí puedes programar tu ser en su nivel más elevado de creatividad y, por lo tanto, puedes alinearte por completo con tu destino (¡si piensas que existen esas cosas!) y ciertamente con plena responsabilidad de tu propio ser y de tu vida.

Toma todo el tiempo que necesites para dejar que tu mente vague en estos temas y después inicia tu regreso, lenta y suavemente, asegurándote que tu arraigo sea completo y que regreses con tu nuevo conocimiento y tu comprensión intactos. Adáptate totalmente antes de moverte.

La estructura de cada una de las Meditaciones del Aura es un poco diferente, pero por comodidad se resume como sigue:

Arraiga y conecta

Percibe el cuerpo del aura.

Permite que los sentidos de este cuerpo lleguen a tu mente

Genera un flujo de energía de color hacia tu ser

Vuelve a analizar los sentidos desde este cuerpo

Arraiga

Meditaciones de los Chakras

Ahora llegamos a una serie de siete meditaciones, una para cada uno de los siete "centros de energía" principales del cuerpo. De nuevo, hay mucha información disponible con respecto a los chakras, que no pretendo repetir aquí. Los detalles básicos se dieron previamente en este Capítulo, siendo todo lo que se necesita para estas meditaciones.

Hay muchos Chakras alrededor del cuerpo humano y del aura, pero sólo nos interesan los siete más importantes. Como se mencionó previamente, cada uno de estos chakras absorbe energía o fuerza vital de un cuerpo o nivel particular del aura y adapta esa energía de una manera que puede ser usada en el cuerpo. Esto se hace principalmente a través de las glándulas que están asociadas con cada uno de los chakras. Por favor, ve la ilustración para la descripción de éstos y su localización en el cuerpo, junto con los cuerpos del aura.

Desde arriba, no sólo podemos ver que atraemos nuestra energía vital a través de los chakras, sino también esas substancias dentro del cuerpo que predeterminan nuestros sentimientos y conducta. Estas meditaciones nos permiten conectarnos con ese proceso de una manera directa y por eso es una manera muy poderosa de crear la realidad que queremos y necesitamos. Podemos absorber lo que sea importante para nosotros en cualquier momento, enfocarlo y liberarlo en nuestra vida. Entonces estamos en la posición óptima para lograr lo que queremos como lo queremos. Por ello, la meditación se vuelve eminentemente práctica.

Cada meditación de los chakras, a continuación, implica la apertura del chakra en cuestión. Esto concede una afluencia de energía incrementada que puede generar sensaciones fuertes y la comprensión resultante. Por lo tanto, se debe tener precaución, siendo contigo mismo lo más suave posible, como debe ser con todas las meditaciones sin tener en cuenta su contenido.

Las meditaciones de los chakras están sujetas al estado anímico del momento en que se realizan, así que se pueden hacer cuando lo desees.

La estructura es igual para cada una de estas meditaciones. Esto se da al final de cada una, como siempre. Por lo tanto, la estructura completamente detallada se da para la primera meditación del chakra Base y el detalle necesario para cada una de las demás meditaciones y chakras, después de esta. Aunque has analizado cómo te relacionas con tus sentidos en la meditación del cuerpo etérico del aura, aquí se analizan por separado y, por lo tanto, más detalladamente. Como sacamos mucha información de estos sentidos, esto parece válido.

Meditación del Chakra Base

Este chakra está localizado en la base de la columna ¡Donde alguna vez nos pudo haber salido la cola! El estado de este chakra indica en sumo grado si estás suficientemente arraigado en la realidad. En la siguiente descripción de la meditación se incluyen otros detalles con respecto a este chakra.

Empieza como siempre con tu arraigo y conexión. Ahora localiza tu atención en el área que se encuentra alrededor de la base de tu columna. Dedica un momento para enfocar esto. Percibe cualquier sensación que adviertas o que resulte por esto. Ahora imagina que el botón de una flor está situado en la base de tu columna, viendo hacia el frente. Ve y siente esa flor en el interior de tu ser y de tu cuerpo. Ahora ve que los pétalos de la flor se despliegan y se abren. Mientras lo hacen, sale una luz roja brillante de la flor, alrededor de esta área de tu cuerpo y de tu ser. Percibe qué se siente mientras sucede esto y qué observas como resultado.

Continúa visualizando la flor desplegándose hasta que todos los pétalos estén completamente abiertos. Esto te abrirá tu chakra. Esto permite que la energía necesaria fluya a tu interior a través de este chakra.

Muchas veces estamos agotados o "carentes" de energía, por muchas razones diversas. La apertura de cada chakra en estas meditaciones permite un reabastecimiento de nuestra energía vital, vital no sólo por naturaleza, sino por necesidad para nuestro bienestar. Dedica todo el tiempo que sientas necesario para visualizar y absorber un flujo de energía roja en este chakra o flor. Observa la respuesta que tienes y cómo te hace sentir esto. El color debe ser claro y de tono medio en la gama, como debe serlo para cada uno de los colores de los chakras subsecuentes.

Es posible que quieras usar el método de respirar en rojo (o el color apropiado) hacia el chakra, en vez de hacerlo a través de la flor, si esto es más cómodo para ti. En este caso, cada vez que inhales, sin cambiar en absoluto tu respiración, siente que el color y la energía roja se mueven por tu cuerpo y hacia abajo, en este caso, al chakra base.

Aspirar la energía de color rojo incrementará tu fuerza vital básica, porque absorbemos energía terrestre al interior de nuestro ser a través de este chakra, que es vital para nuestro sentido de identidad y nuestra sensación de seguridad con respecto a quien somos y a nuestra presencia en el mundo. Entonces, mientras absorbes el color, siente que regresan a ti la fuerza interior y el compromiso, revitalizando la misma esencia de tu ser. Ahora permite que se detenga el flujo rojo y sólo permanece en el espacio en que ahora te encuentras.

Este chakra está alineado con la columna vertebral y con tus huesos en general, así que percibe cualquier sensación que puedas tener en tu estructura esquelética. Dedica un poco de tiempo ahora para analizar qué tan 'real' te sientes, qué tan apegado estás a tu cuerpo y tu dependencia a éste. Te puede parecer extraño pensar en estas cosas, pero muchas veces lo que damos por hecho es precisamente lo que necesita atención. Entonces, dale tu atención a estas cosas ahora. Nota qué te dice tu mente intuitiva y permite que tus sentidos internos te guíen. Dedica todo el tiempo que desees en esto.

Cuando estés listo, dirige tu atención a tu sentido del olfato, al cual está enlazado el chakra Base. Aspira un momento por tu nariz y observa qué efecto tiene esto en ti. Analiza si adviertes las esencias y las fragancias que te llegan en el transcurso del día y cómo respondes a éstas. ¿Qué puedes oler en este momento y qué efecto tiene en ti? El olfato es uno de los sentidos más poderosos y puede evocar fuertes recuerdos. Piensa qué aromas te recuerdan ciertos lugares y épocas de tu vida. Percibe tu uso del olfato y analiza cómo podrías usarlo más y percibir y disfrutar más este en tu vida. Puedes llegar a sorprenderte con lo que encuentres aquí, ya que muchas veces pueden ser recuerdos inconscientes. Permite que te lleguen escenas, imágenes, lugares y sentimientos asociados, observando cualquier cosa desconocida para investigarla después. Recuerda, sé suave. Te puedes comunicar con esta parte profunda de tu mente y de tu ser, como si estuvieras manteniendo una conversación con un viejo amigo de confianza, así que dirígelo a tu cabeza de esta manera y siente también las respuestas en tu cabeza. Siempre recibirás la verdad.

Si tienes algún problema con la sangre, depresiones, temor o preocupación excesiva, entonces podrías visualizar ahora un flujo de energía de color rojo al área pertinente. Esta podría ser tu cabeza para las preocupaciones o el temor; tus pies, si estás sintiéndote aletargado y excesivamente cansado o debilitado, para generar energía en tu sistema. Si sientes que necesitas conectarte con la tierra en general, puedes enviar el color y la energía roja hacia abajo, al interior de la tierra, desde la base de tu columna. (Este también es un método efectivo para arraigarte al final de cualquier meditación, es posible que desees intentarlo). Si tienes algún problema en los riñones, visualiza un flujo fuerte de energía roja en tus riñones y en este chakra, en general, ya que esto los fortalecerá.

Por último aquí, muchas veces podemos liberar las emociones reprimidas al abrir este chakra. Dirige tu mente a cualquier cosa que puedas estar reteniendo y necesites soltar y liberarte de ella. Permite que brote a la superficie cualquier sentimiento y emoción desde lo más profundo de ti. Analiza por qué has reprimido este sentimiento y qué podrías hacer al respecto en este momento. ¿Hay algo que tú puedas hacer, que sea necesario para ayudar a liberarte de esto?

¿Qué efecto está teniendo en ti y en tu vida?. Lleva este aspecto de la meditación hasta donde lo desees, a tu manera y a la conclusión que desees. Recuerda que tú tienes el control y que esta es una manera segura y comprensiva para liberar tus propias emociones reprimidas y que sea de una manera totalmente benéfica.

Dedica en esto todo el tiempo que desees y cuando te sientas listo, cierra el chakra. Es esencial hacer esto, porque si dejas abierta tu energía, se agotaría rápidamente y te dejaría débil, cansado y vulnerable a cualquier infección a tu alrededor. Para cerrar el chakra, visualiza que el color rojo está retrocediendo al interior de la flor y después cierra los pétalos de la flor con fuerza. Esto es absolutamente vital. Cuando hayas hecho esto, arráigate y regresa.

Meditación del Chakra Sacro

El Chakra Sacro está ubicado justo abajo del ombligo. Recuerda que estos centros de energía existen y trabajan en su posición, por el cuerpo.

Para iniciar esta meditación, haz tu arraigo y conexión como siempre y después enfoca tu concentración en la posición del chakra sacro. Percibe cualquier sensación o sentimiento que llegue a ti cuando empieces a sentir este centro de energía. Ahora imagina la flor que está localizada aquí, visualiza y siente que sus pétalos se abren, igual que en la meditación del chakra base. Abre esto por completo y empieza tu exploración de este chakra.

El color de esta área y nivel es el naranja, así que empieza a inhalar un color naranja mediano y transparente. Es posible que también quieras ver el color naranja emanando del interior de la flor que acabas de abrir. Observa qué efecto tiene esto en ti.

Ahora analiza qué has podido estar llevando contigo, que es parte de tu ser y que puedes haber adquirido, sin consideración o solicitud, pero se ha vuelto parte tuya. ¿Qué efecto pueden tener estas cosas en ti y cómo podrías deshacerte de ellas si lo desearas? Permítete sentir cualquier tipo de equipaje inconsciente que puedas estar cargando y su efecto en tu ser y en tu vida. Haz una breve pausa y ahora enfoca tus pensamientos en tu sexualidad.

Analiza qué significa esto para ti y cómo te sientes al expresar tu sexualidad. ¿Es una fuerza que está bajo tu control y te sientes satisfecho con esto? Tal vez sientas que es silvestre y libre, y así debe permanecer.

Muchas veces tenemos culpas asociadas con nuestra sexualidad, así que analiza si esto aplica en ti y pregúntate de qué eres culpable. Considera la naturaleza sexual masculina y femenina y pregúntate si percibes estas fuerzas en tu interior. ¿Cómo podrías percibir más estas polaridades en tu ser?

Este chakra está vinculado con nuestro sentido del gusto, así que analiza este aspecto de tu ser. ¿Le haces caso a tu sentido del gusto o lo das por hecho? Examina todos los aspectos de tu sentido del gusto y cómo te afecta esto.

Como este chakra está enlazado con nuestra naturaleza sexual, también está relacionado con el aparato reproductor en el cuerpo. Si tienes algún motivo de interés aquí, enfoca el color naranja siendo especialmente fuerte y claro alrededor de esta área, para fortalecerla y ayudarla.

Percibe el espacio donde estás en este momento y simplemente permanece ahí todo el tiempo que quieras, dejando que vengan a ti las sensaciones, los pensamientos y las comprensiones.

Cuando estés listo para iniciar tu regreso, cierra como antes la flor en el chakra sacro, asegurándote de que los pétalos estén cerrados fuertemente, después arráigate y abre tus ojos.

Meditación del Chakra del Plexo Solar

El chakra del plexo solar está situado debajo de la caja torácica, en la parte inferior, y muchas veces se ha considerado como el asiento del centro del cuerpo.

Este centro de energía hipersensible es el punto donde se adhiere el muy citado "cordón de plata", cuando soñamos o dejamos el cuerpo de alguna manera.

Empieza con tu arraigo y conexión, y después abre la flor en esta posición, desplegando sus pétalos para ver emerger de su interior un color amarillo cristalino y equilibrado.

Siente esto por el área apropiada de tu cuerpo, y respira la luz y la energía amarilla un momento. Percibe el efecto que esto tiene en ti mientras lo haces.

Ahora analiza qué necesitas o deseas crear en tu vida en este momento. Esto puede hacerse en cualquier nivel y ser tan práctico o tan espiritual como lo desees. Considera por qué deseas crear esto, sea tangible o no y con qué objetivo. ¿Cuál es tu motivación aquí y a quién le servirá tu creación? ¿Te ayudará esto en tu desarrollo y búsqueda por la vida?

Sé honesto y permite que te guíe tu mente interior o superior, permitiendo que los pensamientos vengan a ti mientras meditas.

Concentra tu mente entonces en lo que deseas crear, si estás seguro de que lo deseas. Permite que el principio de la "energía le sigue al pensamiento" haga su trabajo, dejando que los impulsos de tu concentración penetren por tu cerebro, que te dará la habilidad y el impulso necesarios para traer esto a la manifestación y a la realidad. Haz una pausa y descansa un momento, después enfócate en lo que desees eliminar de tu vida o lo que ya no se necesita. Analiza los motivos para esto, de una manera similar al anterior, percatándote del por qué tienes este deseo. Analiza si hay algo que retengas y sea destructivo, que deba eliminarse de tu ser y de tu vida.

Nuevamente, enfócate en dejar que se vaya esto, ve y siente cómo tu mente lo saca de tu ser, usando otra vez el mismo principio importante de la "energía le sigue al pensamiento".

Este chakra está vinculado con el sentido de la vista, así que analiza en este momento tu capacidad para ver en tu vida. ¿Realmente te das cuenta de lo que hay a tu alrededor o caminas a todos lados con tu cabeza agachada? ¿Te permites ver la realidad y la verdad como es en verdad o vez todo a través de un lente rosado? ¿Cómo podrías ver con más claridad?

Físicamente, este chakra está enlazado con los órganos internos como el estómago, hígado, bazo y vesícula biliar. Si tienes cualquier problema en estas áreas, enfoca el color amarillo en este chakra y esto fortalecerá las cosas para darle un estímulo a tu proceso natural de sanación.

Date la oportunidad de analizar estos temas y su importancia en tu vida todo el tiempo que desees y luego inicia tu regreso. Observa cómo retrocede el amarillo al interior de la flor y cierra los pétalos con fuerza. Arráigate y regresa cuando estés listo para hacerlo.

Meditación del Chakra Cardíaco

No es raro que este chakra esté ubicado a la altura del corazón, y, por lo tanto, está vinculado con todos los asuntos que tienen que ver con el corazón, tanto emocionales como físicos.

Empieza como siempre y abre la flor de este chakra con un color y una energía verde. Este es el color del equilibrio y la sanación, así que te dejará centrado y consciente de la verdad de ti mismo y con un maravilloso brillo de sanación alrededor de ti. Haz una pausa y adáptate a esta conciencia.

Ahora analiza la naturaleza del amor y su presencia en tu vida. ¿Te amas a ti mismo? Esta simple pregunta puede sacar a relucir muchas opiniones, reacciones y sentimientos, así que date el tiempo suficiente para analizar cómo te sientes al respecto. Date cuenta entonces que la forma del amor más elevada es el amor incondicional, un amor que no exige ni espera sino que simplemente se da, con libertad y abundancia.

¿Está presente esta fuerza en tu ser y en tu vida? y ¿cómo podrías incrementarla? ¿Eres capaz de sentir este mismo amor por aquellos que te son antipáticos, que son tus enemigos o competidores? ¿Cómo podrías demostrar esto en tu vida?

Date tiempo para hacer una pausa y descansar, luego continúa. Ahora enfócate en tu sentido del tacto, que es con el que se relaciona este chakra.

¿Te das cuenta con qué frecuencia tocas a otros y cómo reaccionas cuando ellos te tocan? Piensa cómo eres cuando le das la mano a alguien, los acaricias o les das un abrazo más íntimo. ¿Te disgusta que otros te toquen? y ¿por qué? ¿Qué te dice sobre ti mismo tu percepción del tacto?

Obviamente, los problemas del corazón se pueden ayudar con el color verde de sanación de este nivel, así que rodea el corazón con el color verde, aspirándolo y visualizando esto con claridad en tu mente. También aquí se pueden ayudar los problemas de circulación y respiración.

Por último en esta meditación, que es quizás un poco más sencilla a la de los otros chakras y que está relacionada principalmente con el amor, piensa en tu habilidad para recibir amor. Cualquier bloqueo que puedas tener en esta meditación es probable que sea el resultado de una carencia de amor a uno mismo, así que dedica un poco más de tiempo analizando cómo podrías aprender a amarte más a ti mismo.

Deja que los pensamientos y los sentimientos vengan a ti y sólo dedica el tiempo a amarte a ti mismo.

Cuando estés listo, cierra la flor de este chakra y percibe cómo retrocede en ella la luz verde. Arráigate y regresa con lo que has aprendido.

Meditación del Chakra Laríngeo

Este chakra nos conecta con nuestra habilidad para expresarnos, usando la influencia del nivel de la energía azul. En este momento también es relevante el tema y la naturaleza de la verdad.

Empieza abriendo la flor del chakra aspirando la energía azul y viendo desplegarse los pétalos que emiten la luz en el área cerca de la base del cuello, que es donde se localiza este centro de energía. Permítete darte cuenta del efecto que esto tiene en ti y adáptate a este nivel de conciencia.

Ahora empieza a analizar tu auto expresión. ¿Cuál es tu forma principal de autoexpresión y cómo usas esto? ¿Hablas con la verdad o tienes problemas para ser honesto y claro? ¿Dices que sí cuando quieres decir no? ¿Los demás se sienten confundidos u ofendidos por tu comunicación? Analiza también tu apariencia, ya que esta es una forma poderosa aunque inconsciente de autoexpresión. ¿Qué piensas que le dice a otros tu apariencia? y ¿eres feliz con ésta? ¿Cómo podrías cambiar las cosas para ser más honesto con tu yo interno? ¿Cómo podrías mejorar tu autoexpresión para ser más honesto y claro, sin provocar ofensas u olvidar la sensibilidad? Descansa y haz un momento de pausa, en lo que puede ser un área de análisis sorprendente. El chakra de la garganta está vinculado con nuestro sentido del oído, así que en este momento enfócate en esto. Analiza qué clase de sonidos escuchas en tu vida cotidiana. ¿Son agradables y productivos o engañosos y fastidiosos para ti? ¿Cómo podrías ubicarte en un sitio mejor o más tranquilo? ¿Escuchas lo que otros te están diciendo con claridad o tal vez escuchas sólo lo que quieres oír? ¿Cómo podrías escuchar con más claridad? ¿En algún momento tienes un silencio verdadero en tu vida?

Este chakra está vinculado con nuestros pulmones, así que cuando hayas tomado una pausa conveniente, aspira la energía azul a tus pulmones si sientes que tienes necesidad de ayuda en esta área. Esto también ayudará con cualquier dificultad que puedas tener con tu metabolismo y la energía azul ayudará a calmar las cosas.

Date todo el tiempo que necesites para analizar las expresiones de este chakra y cuando estés listo cierra como siempre y arráigate. Haz una pausa para permitirte asimilar lo que has comprendido y después abre tus ojos.

Meditación del Chakra del Tercer Ojo

El chakra del tercer ojo es un área sensible, así que procede con cuidado en esta meditación. Aquí el color vinculado es el índigo o el morado. Aquí dirigimos nuestra atención a la intuición y a la percepción de nuestra individualidad.

Empieza aspirando la energía de color índigo en el área del entrecejo, justo arriba y en medio de los ojos físicos. Deja que aquí se desplieguen los pétalos de la flor y percibe cualquier sensación que puedas tener aquí, que puede ser bastante intensa pero no dolorosa.

Puedes notar un dolor sordo, un rato después de que hayas hecho un poco de meditación, pero esto desaparecerá rápidamente cuando hayas terminado. (Si no es así, no te arraigaste adecuadamente, así que vuelve a entrar en meditación y ¡cerciórate en hacerlo!)

Ahora dirige tu atención a tu sentido de la intuición. Analiza si escuchas tu intuición, tu instinto o tu conciencia. Todos estos son aspectos de tu intuición, que todos tenemos.

La cuestión es si estás lo suficientemente sereno y tranquilo para escucharlos y tener en cuenta su guía. Siempre nos guían y nos dan la verdad, nunca nos engañan o nos decepcionan.

Analiza de qué manera usas y escuchas tu voz interior y tus presentimientos y cómo podrías mejorar esto o percibirlo más.

Este puede ser un proceso vital en nuestra paz interior, así que asegúrate de que tengas todo el tiempo requerido para aclarar este aspecto de tu ser.

Haz una pausa y déjate llevar por un momento, luego regresa tu mente al enfoque. Ahora analiza tu ser interior.

Muchos consideran que este chakra es el asiento del alma y que nos da nuestra chispa individual. Analiza qué es lo que te hace ser la persona única e individual que eres. ¿Qué tan consciente estás de esto en tu vida cotidiana y cómo podrías estarlo más?

Nuevamente, esta conciencia es vital para que evoluciones como debes, desde cualquier punto de vista. Con una visión clara aquí, creamos nuestra vida para que sea como la queremos, entonces recuperamos nuestro propio poder y dejamos de vivir para otros.

Concéntrate en este aspecto de tu ser todo el tiempo que lo requieras para que llegue a ser real para ti y tenga su efecto, después haz una pausa y nuevamente descansa un poco.

Este chakra está vinculado con el sistema nervioso, en el cuerpo físico. Enfoca el color índigo impregnando tu ser, para ayudarte en cualquier problema que puedas tener.

También puedes enfocarte en los oídos y en la nariz ya que este chakra también está enlazado a estos.

Permanece en esta meditación todo el tiempo que desees, después regresa y arráigate como siempre, cerrando el chakra y el color índigo antes de abrir tus ojos.

Meditación del Chakra Coronario

El Chakra Coronario, de los siete centros principales de energía del cuerpo, es el último y el más elevado. Está localizado en la parte superior y en el centro de la cabeza, de modo que ya estamos muy acostumbrados a recibir la fuerza superior de vida.

Su color es el violeta o el blanco si lo prefieres. Entre muchas otras características, está vinculado con nuestra espiritualidad.

Empieza abriendo este chakra, posiblemente sintiendo que tú y tu nivel de conciencia se elevan. Permite que se dé este proceso, puedes sentirlo como si estuvieras elevándote y flotando, sigue concentrado en el chakra. Aspira y absorbe el color violeta o el blanco y observa cómo sientes esto y su efecto en ti.

Cuando estés listo, analiza tu espiritualidad. ¿Qué significa esto para ti y cómo expresas esto en tu vida? ¿Es algo que limitas a las reuniones en los sitios apropiados, cuando lo sientes o cuando impresiona a otros? ¿Es algo que impregna la totalidad de tu vida, tu ser, tu cuerpo y su estructura? ¿Vives, respiras, caminas y hablas de tu espiritualidad naturalmente, o de alguna manera está forzada? Sé honesto aquí y date la oportunidad de progresar. Deja que las respuestas vengan a ti y determina actuar en ellas. ¿Cómo podría tu espiritualidad tomar más parte en tu vida y ser menos extraña, mal definida o abstracta en tu rutina cotidiana?

Haz una pausa para estas cuestiones serias y continúa cuando estés listo. Físicamente, este chakra puede ayudar con tu sentido de la creatividad e inspiración, muchas veces se percibe como si llegara al cerebro. Cualquier problema con tu cabeza se puede ayudar aquí, concentrándote en la luz blanca o violeta rodeando y filtrándose en tu cabeza.

Como el tema y la naturaleza de lo espiritual es algo vital y extenso, limitamos esta meditación a su exploración y a los descubrimientos resultantes que da. Nuestra espiritualidad es algo que siempre está evolucionando y avanzando, igual que nuestro cuerpo físico.

Aquí la única diferencia es que nuestro cuerpo muere y se deteriora, mientras que nuestro espíritu sigue viviendo, entonces, en el fondo, es más importante. Analiza cómo se refleja esto en tu vida. Haz una pausa larga para permitirte asimilar todo lo que hayas analizado y comprendido e inicia tu regreso.

Esta meditación puede dejarte muy alejado de tu vida cotidiana y es vital que regreses a tu realidad ordinaria cotidiana, completa y totalmente.

Cierra este chakra como siempre y arráigate, lenta y claramente.

La técnica para las meditaciones de los chakras es la siguiente:

Arraiga y conecta

Abre el Chakra

Visualiza la flor abriéndose y aspira el color

Reflexiona y analiza la naturaleza del chakra

Cierra el chakra, cierra la flor y absorbe el color

Arraiga

Esto completa nuestro viaje por el sistema energético del ser humano, como existe en el exterior del cuerpo físico. Queda un sistema energético del cuerpo, el de los Meridianos, el cual ahora observaremos brevemente.

Meditaciones de los Meridianos

La existencia de estos sistemas energéticos del ser humano se han conocido y aceptado en Oriente desde hace más tiempo que en Occidente. Entonces, es por eso que vemos los sistemas de medicina China para este método de meditación; podemos usarlos para la salud física, así como mantenimiento y mejoría. Los Chinos expusieron el uso de los meridianos dentro del cuerpo. Estos son canales o vasos por los que fluye la misma fuerza vital o energía que ahora conocemos. Muchas veces también se considera que llevan los fluidos de la sangre y corporales alrededor del cuerpo, pero no los confundas con las venas, arterias y capilares.

Los principios con los que aquí trabajamos son exactamente iguales a los del sistema de los chakras. Como recordatorio, esto es por el principio de la "energía le sigue al pensamiento", siendo aquí el punto sobresaliente, que si iniciamos por nuestro cuerpo un flujo de energía sanadora positiva, pura y poderosa, por el uso del pensamiento concentrado y enfocado, esto se absorberá dentro de nuestro sistema físico, provocando por ello la misma condición en nuestro cuerpo de una manera tangible.

La opinión Occidental de la energía o Chi que impregna todo y existe en todas las cosas, es la que utilizamos aquí. Como tal, en el sistema de los meridianos hay concentraciones de energía en ciertos lugares, dependiendo de la persona en cuanto a estructura, emoción, condición mental y muchas otras cosas adjuntas, siendo lo que conforma a la persona. Como tal, el movimiento muscular discordante, la emoción persistente, el pensamiento negativo habitual, etc. pueden crear bloqueos y debilidades por el cuerpo a través de este flujo de energía. Al enfocar un flujo de energía pura a lo largo del meridiano pertinente, para despejar el bloqueo o fortalecer la debilidad, se inicia en el nivel de energía básico una recuperación en la salud.

Se decide cuál es el "meridiano pertinente" por el sendero, los órganos y las funciones con las que está enlazado. Como en las meditaciones del aura y los chakras, el método para la meditación de cada meridiano es el mismo, adaptándose simplemente a la ruta que concuerde con el meridiano que se está enfocando. Estas se dan en el texto de la meditación para cada meridiano individual, para los que quieran usarlas están incluidas en el Apéndice A. El resumen de esta meditación es entonces el siguiente:

Arraiga y conecta

Percibe lo que estás tratando, si es algo específico

Visualiza una esfera de energía por el trayecto de la línea del meridiano

Haz una pausa y una evaluación para la comprensión

Arraiga

La esfera de energía que visualices, debe ser simplemente una bola de energía clara y concentrada, sin ser demasiado brillante o apagada y de ningún color en particular. El objetivo que se pretende, es una fuente de energía pura sin color, el mismo material y fuente de la vida, nada más y nada menos. Visualiza y siente esto, y simplemente condúcelo por el meridiano. Si no se ha desvanecido cuando hayas terminado, entonces introdúcelo a la Tierra. Puede haber recogido y asimilado cualquier energía negativa que hayas estado reteniendo y ¡la Tierra lo tratará con su maravilloso estilo como siempre!

En las meditaciones puedes sentir cualquiera de las "sensaciones de energía" descritas previamente, como calor, frío, hormigueo, etc. Recuerda que estas son tus respuestas a la energía, no la energía misma. Lo que percibas y cómo te sientas durante la meditación puede darte alguna idea con respecto a la causa de una debilidad o bloqueo en tu sistema. El hecho de que sientas cualquier cosa, te dice que algo está sucediendo, para que funcione no es esencial que comprendas qué es. De cualquier modo sucederá, mientras puedas mantener tu enfoque y tu concentración. Tu nivel de concentración está en relación directa al nivel, dosis o calidad de la energía que puedas transmitir durante la meditación, del mismo modo está relacionado el beneficio que obtengas de ella. Si has seguido cronológicamente las meditaciones de este libro, practicando fielmente mientras avanzabas, en este momento tu concentración ya debe haber alcanzado un buen nivel.

Entonces tenemos a través del cuerpo un sistema de meridianos con vasos de energía por los que transmitimos una fuerza sanadora pura, de principio a fin. Este flujo de energía se manifiesta en nuestro estado físico, teniendo su relación emocional, mental y espiritualmente, estando interrelacionado de esta manera el sistema humano.

Como tal, estas meditaciones se pueden combinar con tratamientos auxiliares como la acupuntura y la reflexología. Estos tratamientos colocan agujas, o los dedos, en puntos específicos para estimular el flujo de energía a lo largo de los meridianos.

Al introducir una concentración meditativa al flujo que se trata en ese momento, incrementa el efecto de una manera significativa. Sin embargo, sé amable contigo mismo, porque lo que se requiere para un cuerpo, mente y espíritu saludables es una concentración de energía uniforme y equilibrada, ¡no un flujo de lava volcánica abrazadora!

Ahora dirigimos nuestra atención a otras formas en que se puede usar la meditación para Sanación.

Capítulo 6

Meditaciones de Sanación

Ya mencioné antes, en el texto, que todas las meditaciones podían considerarse de "sanación", en el sentido de que toda meditación que realices tiene algún beneficio para ti. En el Capítulo anterior examinamos una clase específica de meditación de sanación y ahora pasamos a un conjunto de meditaciones que son especificamente de sanación, en su naturaleza y contenido, pero que utilizan diferentes principios del tema.

Estas meditaciones no se presentan en un orden en particular, teniendo cada una de por sí un uso práctico en su campo. Tal vez sea conveniente definir primero el estado de salud que pretendemos con el uso de estas meditaciones. Se puede describir mejor esto, como un estado de estabilidad y equilibrio del Cuerpo, Mente y Espíritu, dando una sensación y una percepción general de bienestar. Muchas cosas pueden causar los desequilibrios, dando como resultado diversos males físicos que nosotros, por nuestra ignorancia y percepción limitada, vemos como enfermedades. A estos padecimientos se les puede considerar mejor como la defensa final de algún estado de malestar en nuestros sistemas. Como hemos visto, esto representa más que únicamente el maravilloso funcionamiento de los cuerpos humanos. Esto incluye las energías del ser humano y por eso debemos buscar la salud integral del Cuerpo, Mente y Espíritu para nuestro bienestar total.

Igual que compartimos la Tierra con todos los seres vivos y, como tal, somos parte de ellos y ellos de nosotros, así debemos llegar a darnos cuenta de que los dolores de cabeza recurrentes que sentimos a consecuencia de tensión acumulada, son a su vez el resultado de un temor o ansiedad profundamente asentado que hemos acumulado, quizá desde la infancia, o antes. Como tal, debemos encontrar un medio que nos permita enfrentar serenamente esos temores y peligros percibidos, ocultos en nuestros sistemas. El uso de la meditación junto con el remedio apropiado es, según yo, el medio más efectivo para lograr esto, mientras se le permite a la persona adquirir en sí misma una conciencia, control y dominio expandidos. En resumen, nos convertimos en nuestro propio terapeuta, ya que nadie nos conoce mejor que nosotros mismos. Permite que tu ser interior o superior sea tu guía y acompáñame a través de este maravilloso campo de meditación. Sin embargo, anda con pies de plomo, porque las joyas que se ocultan en el interior son afiladas y pueden cortar, para que no las trates con desprecio.

Meditación de la Semilla

La primera técnica que examinamos se describe mejor como una salud general que induce y promueve el ejercicio, que no sólo es muy benéfico realizarla para cualquier desequilibrio, malestar o enfermedad que hayas identificado o sentido dentro de tu sistema, ¡también se siente maravilloso hacerla! Los principios en que está basada son los de la Naturaleza.

Como criaturas de la Tierra compartimos los mismos impulsos, sentidos y patrones que gobiernan la vida de este brillante planeta. Entre otros, estos son un impulso para (pro)crear, dar e incrementar la vida, crecer y desarrollarse. Esto es quizás, en realidad, la esencia de toda vida. Esto sucede en todas las cosas, sea en el Gran Cañón o en la semilla de cada hoja de pasto que crece en tu jardín.

Como las meditaciones del Gran Cañón pueden ser un poco impresionantes (habiendo tenido bastante suerte para tener esta experiencia) y suponiendo que no todos los lectores de este libro hayan visto este paisaje, tomaremos como nuestra guía la imagen de una semilla. Es muy sencillo, en esta técnica el objetivo es alinearte con el procedimiento y la práctica de crecimiento de cualquier semilla, sea el roble más alto o la más pequeña hoja de pasto mencionada antes.

Esta meditación es un método excelente para generar y mejorar la energía y la fuerza vital personal. Es buena si te estás sintiendo "indispuesto" (¡o en cualquier condición que puedas definir "baja"!) ya que te levanta de nuevo de lo que te está manteniendo bajo. En el mejor de los casos, te puede liberar y recordarte que en la vida misma existe libertad, la sencillez del calor del sol y la alegría que esto puede dar. La misma técnica combina el uso de la energía sanadora, recibida de la Tierra y del Universo, con visualización.

En sí, la técnica es muy sencilla. Imagina que eres una semilla. Estás plantada firmemente en la tierra y te rodea un suelo cálido y rico lleno de nutrientes y minerales, esenciales para tu vida y tu crecimiento.

Donde te encuentras, puedes respirar profundamente y en abundancia. Cómo llegaste ahí es un misterio que no debe preocuparte en esta etapa, o en realidad, nunca. Por ahora basta con sentir simplemente el calor, la seguridad y la vida a tu alrededor. Quédate el tiempo que necesites para adaptarte a esto, estando profundamente relajado.

Es importante sentirse totalmente relajado, ya que esto te sitúa en el estado óptimo para recibir energía y percibir cómo te está afectando la meditación.

Además, percibe una profunda sensación de seguridad y enlace en tu vida y en tu ser. Percibe plenamente quién y cómo eres. Métete en la imagen y la sensación de ser una semilla plantada en la Tierra.

Mientras sigues con esto empezarás a sentir una sensación profunda dentro de ti. Hay un impulso irresistible por crecer, expandirte, investigar, desarrollarte y elevarte. En tu imaginación y en el ojo de tu mente.

Voltea hacia arriba. En alguna parte lejana arriba de ti podrás ver una luz, nebulosa y difusa, pero te atrae hacia ella. Descubres que con fuerza de voluntad, desde el mismo centro de tu ser, puedes subir un poco hacia ella. Mientras lo haces, siente cómo fluye el alimento en tu cuerpo, por tus pies, en tus venas y tu sangre, por tu piel y en tus músculos, impregnando cada parte. Siente esta fuerza, energía y vida entrando por todo tu ser.

Mientras continúas, empezarás a notar, cuando ves hacia arriba, que puedes sentir una sensación de calor emanando de esta luz. También parece que has crecido, hacia abajo así como hacia arriba y te das cuenta de que tus pies, como raíces, se han arraigado firmemente en la Tierra, ahora fuertes y entrelazados en el suelo. Sigue empujando hacia arriba con tu voluntad, hacia la luz, que en cada momento se hace más brillante y mucho más clara.

De pronto se ilumina a tu alrededor y entras a un nuevo mundo. De tu interior emerge un nuevo crecimiento y estás arriba de la superficie de la Tierra. En este momento estás aspirando el aire arriba de la Tierra. Esta es luz, pura y limpia. Pruebas su suave dulzura mientras la absorbes en tu cuerpo con alegría y agradecimiento. Sientes que fluye a través de ti, infiltrándose en tu cuerpo, limpiándolo y purificándolo a su paso. Siente que te acercas siempre al Sol y te sientes feliz por su calor. Permítete absorber su calor y su vida. Disfruta los rayos del Sol, despliégate y estírate. Acuéstate bajo el Sol y percibe cómo sientes esto. Entérate que de todo lo que necesitas se te da para tu bienestar, crecimiento y salud, incondicionalmente.

Ahora la luz del Sol se desvanece y empiezas a sentir la humedad en el aire. Empieza a llover ligeramente y puedes abrirte aún más, permitiendo que las frías y dulces gotas de lluvia te refresquen y te sanen. Es refrescante y agradable. Absorbe profundamente esta energía sanadora. Ahora se detiene la lluvia gradualmente y te deja con una salud radiante, brillando e irradiando tu energía hacia afuera, a todas y cada una de las cosas con vida.

Esto puede dejarte con una leve sensación de mareo, así que es importante no agotar la energía que acabas de generar con divagaciones incoherentes en tu mente. Permanece mientras sea cómodo para ti y después vuélvete a arraigar, como siempre. Deja que se desvanezca la imagen de la planta que ahora eres, conservando su sensación de salud y de vida recién nacida.

La técnica para la Meditación de la Semilla es la siguiente:

Arraiga y conecta

Visualízate como una semilla y establécela en la Tierra

Empuja y crece hacia arriba hasta que salgas al aire

Absorbe la lluvia y siente su beneficio

Arraiga

Meditación del Arbol

Seguimos con nuestras meditaciones de sanación, ahora con una serie de principios parecidos a los que utilizamos, excepto que esta vez es con la imagen y la visualización de un árbol y todos sus beneficios relacionados.

Como lo han hecho resaltar recientemente los huracanes y la lucha por cientos de especímenes antiguos y hermosos, los árboles ejercen un gran papel en nuestra salud y bienestar. Esto no sólo es en su belleza visual, sino en la labor que desempeñan al calentar, enfriar y purificar el aire, entre otras cosas. Podemos absorber estas cualidades para nosotros mismos en esta meditación, consiguiendo una profunda identificación con el árbol mientras lo hacemos. Como tal, es una excelente idea imaginar un árbol saludable que conozcas y te guste en la realidad, y uses este en tu meditación. Esta idea puede extenderse a su conclusión natural y positiva determinando cuidar tu árbol, limpiando su área inmediata, asegurándote de que no se le lastime, alimentándolo si es necesario, etc.

Nuevamente combinamos el arte de la visualización con el uso de la energía sanadora. También podemos usar esta meditación para que nos ayude en nuestra experiencia, conocimiento y conciencia de las energías y sentir a la Naturaleza y a los espíritus que habitan en esos lugares, si esto también te atrae. Por supuesto, puede hacerse recargado contra el árbol en cuestión, habiéndote colocado en silencio y pedido permiso primero, mentalmente.

Empieza visualizando que estás parado en un sendero que conduce a un grupo de árboles en el bosque. Date tiempo para establecer esta imagen con claridad. Aunque en sí, los detalles individuales no importan, es importante ver y sentir por completo que estás ahí en el bosque. Camina entre los árboles acostumbrándote al ambiente del lugar y a la energía de aquí. Observa las diferentes clases que pueda haber en el grupo de arboles hacia el que caminaste.

Detente si lo deseas para examinar algunos, alargando tu mano para tocar su tronco si así lo sientes.

Ahora elige un árbol, de la imagen del grupo que tienes en la mente. Esto puede ser por cualquier motivo, por insignificante que pueda parecer y lo entiendas o no. Sólo deja que tu mente interior o superior te guíe y sigue lo que sientas y percibas que es correcto. En este momento, debes poder hacer esto adecuadamente en la meditación, si no es que también en tu vida cotidiana.

Cuando estés listo, dirígete hacia tu árbol e internamente pide permiso para trabajar con él esta vez. Haz esto hablando mentalmente, como lo harías con alguien que respetas. No seas falso.

Si sientes que has recibido la confirmación para hacerlo, acércate y abraza tu árbol, recargándote contra este y dejando que reciba tu peso. Acomódate y siente el tronco del árbol contra tu piel.

Mientras estás recargado aquí, relájate más profundamente y percibe la energía y la fuerza vital en el árbol. Siente esto como una fuerza poderosa que sube por el árbol, como su savia. Percibe cómo sientes esto, recostándote contra el árbol. Mientras sucede esto, sientes que a tu alrededor crece la obscuridad y te das cuenta de que te has fusionado con el árbol de alguna manera y ahora te encuentras dentro de su tronco. Aquí te sientes perfectamente cómodo y bastante seguro, pudiendo respirar fácil y plenamente.

Te das cuenta que puedes ver el árbol desde el interior e imagina y siente la textura desde aquí. El tronco es la protección del árbol y su alma, su esencia está ahí contigo. A su vez, tú eres parte de esa esencia. Baja tu conciencia al árbol y a tus piernas. Date cuenta que son uno y son lo mismo. Tus piernas bajan a las raíces del árbol y adentro de la tierra. Deja que tu conciencia y las puntas de tus dedos bajen a las puntas de las raíces, observa y absorbe la energía de ahí y cómo te sientes ahora. Siente la fuerza, el calor, la vitalidad, la seguridad y la vida aquí. Intenta poder sentir cualquier sensación y explorar.

Cuando estés listo, empieza a subir a través de tu árbol y de tu cuerpo, siendo uno y el mismo. Viaja por el tronco del árbol y deja que tus brazos se extiendan hacia arriba, a las ramas más grandes y después tus dedos suben a las ramas más pequeñas y las ramitas cercanas a la copa del árbol. Muévete lenta y gradualmente, siguiendo el movimiento con tu conciencia interior y fijándote en las respuestas de esta sensación. Sigue moviéndote hacia arriba y hacia afuera hasta que sientas que estás en la misma punta del árbol, las puntas de dedos en las puntas del árbol. Observa cómo se siente esto y qué puede estar diciéndote.

Cuando estés listo, imagina y siente que regresas a tu estatura y tus medidas usuales, nuevamente a tu cuerpo, todavía en el interior del árbol. Adáptate a este sentimiento y luego siente que sales del cuerpo del árbol, mientras te concentras mentalmente en esto. Concéntrate en iniciar el regreso y sentir tus energías separándose mientras percibes que estás recargado contra el árbol otra vez. Toma tu tiempo y adáptate por completo cuando regreses, ya que esta meditación puede llevarte a un nivel bastante profundo, si tienes una gran necesidad.

Aléjate del árbol y detente un momento para dar las gracias. Haz esto en silencio y simplemente, sé sincero. Puedes sentirte un poco raro hablándole a un árbol, pero no es al árbol, ¡así que no te preocupes por esto!

Cuando estés listo, regresa al bosque por donde llegaste hasta que llegues al punto donde empezaste. Ahora sólo deja que el lugar se desvanezca y regresa ahora a tu cuerpo y a tu lugar de meditación como acostumbras.

La técnica para la Meditación del Arbol es la siguiente:

Arraiga y conecta

Visualiza un bosque y camina hacia un grupo de árboles

Elige uno que te atraiga

Acércate al árbol, abrázalo y fusiónate con él

Muévete hacia abajo por el interior del árbol y después hacia arriba

Absorbe energía y sanación

Regresa por el camino que llegaste,
del árbol hacia ti, al bosque y de regreso

Arráigate

Meditación de la Playa

Esta meditación utiliza algunos principios básicos que veremos y trataremos por completo en el siguiente capítulo, el de los Elementos, o por lo menos, algunos de estos. Otra vez la técnica es muy sencilla, como indudablemente son las mejores meditaciones y cosas de la vida. Es una visualización simple y agradable que otra vez puede basarse en un lugar de la realidad que hayas visitado o tengas la suerte suficiente de vivir en él. Esta meditación tiene una base química que es muy conocida. Añadirle sal (de mar) al agua es benéfico y curativo, y se puede hacer en tu baño normal. Esta práctica es muy conocida porque purifica y limpia la capa etérica del aura. En realidad, es excelente realizar la meditación en un baño caliente. Se puede usar para tratar cualquier malestar, pero es especialmente buena donde hay algún tipo de infección.

Empieza como siempre, con tu arraigo y conexión, y después visualízate tendido en una playa. Esta debe ser una playa con arena, pero puede ser en cualquier parte del mundo. Hace calor, está soleado y tú estás desnudo. Sólo dedica un momento para visualizar y sentir que estás tendido en la arena con tus ojos cerrados, sintiendo que el sol te calienta suavemente. El único sonido que puedes escuchar y parece llegar bastante cerca de ti, es el de las olas rompiendo suavemente. La arena está húmeda y mientras descansas ahí, sientes que te hundes un poco. Puedes relajarte totalmente, suelta todas tus inquietudes, preocupaciones y responsabilidades, y deja que la arena soporte tu cuerpo mientras descansa.

Aquí no hay nadie, así que no debes temer o cohibirte. Sólo descansa, relájate y deja que el sol te caliente un momento. Mientras descansas ahí, puedes escuchar el sonido de las olas rompiendo cada vez más cerca de ti y de pronto las sientes acercándose a tus pies. Sigue descansando ahí y deja que las olas se acerquen y cubran tu cuerpo.

El agua está templada y cuando te moja, puedes sentir que te purifica y te sana, la sal que tiene limpia tu energía y también tu cuerpo. Después de que el agua lavó tu cuerpo, se siente más liviano, porque ahora se liberó de cualquier malestar que hayas podido tener en ti. Simplemente, descansa ahí y disfruta la meditación y tu sanación. Deja que las olas sigan rompiendo suavemente, subiendo hasta tu cabeza. No estás adentro del agua por completo, ya que no tiene la profundidad suficiente. En cambio sólo te calienta, lava y sana suavemente.

Esta meditación da lugar a mucha interpretación personal, así que permanece ahí todo el tiempo que sientas necesario o hasta que te sientas satisfecho. Cuando sea así, el agua se desvanecerá y podrás permanecer tendido en la playa, dejando que el sol caliente y seque tu cuerpo. Disfruta este calor y esta energía un momento y cuando sientas que estás listo, regresa, deja que la playa y el lugar se desvanezcan.

Ahora vuelve a tu cuerpo y arráigate, para regresar con los beneficioss que adquiriste y la sanación que recibiste.

La técnica para esta meditación es la siguiente:

Arraiga y conecta

Visualiza la playa y las olas

Deja que las olas te purifiquen y te sanen

Sécate en el sol

Deja que se desvanezca la playa

Arraiga

Respiración de Purificación

Es excelente usar esta meditación para una gran diversidad de afecciones y malestares relacionados con la salud. Principalmente se usa para cualquier trastorno relacionado con la respiración y los pulmones, dándote la posibilidad de eliminar cualquier infección o influencia restrictiva en estas áreas. Con la meditación puedes marearte en poco tiempo, así que, por supuesto, es vital hacer primero un arraigo efectivo y sincero, y conexión, terminando después con un arraigo bueno y claro.

Con esta técnica te quedará una agradable sensación de relajación y la restitución de un flujo de energía vital. Me he enterado de estudiantes fumadores a los que esta técnica les indujo un ataque de tos, ya que la energía que fluye con la meditación hace su trabajo y despeja lo que está impidiendo que los pulmones trabajen adecuadamente. Aunque al principio sea desagradable, esto tiene el efecto requerido.

Hay un factor de guía personal en esta meditación. La frecuencia y nivel de respiración de cada persona difiere por muchos motivos, desde la dieta al ejercicio y patrones de sueño. Por lo tanto, tu guía es la mejor. En esta meditación, estás pretendiendo un patrón profundo de respiración regular y razonable, sin involucrar presión o tensión. Quizás la manera más simple de encontrar aquí un medio de acceso es utilizando el patrón de la Respiración Cuádruple (si se te olvidó, ve el Capítulo 2), brevemente, mientras empiezas la Respiración de Purificación.

En este ejercicio puedes estar sentado o acostado, asegurándote, igual que con todas las meditaciones, que estés cómodo, caliente y sin distracciones. Para empezar, haz tu arraigo y conexión, y desde el centro de equilibrio dirige tu atención a tu respiración. Esto es necesario para tener control y conocimiento de su función y su efecto en ti. Puede ser muy benéfico aspirar por la nariz y exhalar por la boca, pero esto dependerá de tu nivel de comodidad y facilidad con esto. Respira natural y uniformemente a un nivel que te sea cómodo.

Si es necesario, ensáyalo un rato y cuando llegues a un patrón satisfactorio, relájate y deja que este ritmo te lleve a un nivel más profundo de la conciencia. Sólo percibe tu respiración y su ritmo.

Ahora, mientras respiras, empieza a imaginar o visualizar el aire que entra en tu cuerpo mientras inhalas. Ve esto como una luz y una energía pura, blanca y brillante. Debe ser la luz blanca más pura, perfecta, cristalina y llena de poder sanador que hayas visto. Mientras la inhalas, absorbes todas las cualidades anteriores en tus pulmones. A partir de este punto tus pulmones hacen su trabajo acostumbrado de pasarlo por el cuerpo. De esta manera purificas todo tu sistema y tu cuerpo. Puede ser útil dejar que tu imaginación evoque imágenes de pureza y de salud. Sigue inhalando esta luz, color y energía blancas, siente este aire puro, limpio y sanador entrando en tu cuerpo y fluyendo por todos lados, tocando cada parte, purificándola a su paso.

Si tienes alguna molestia o área específica donde sientes que necesita atención, puede ser útil orientarle la dirección de la luz blanca, pero a pesar de todo descubrirás que hay una tendencia natural para que suceda esto. Mientas te relajas profundamente, que es vital para la absorción de la energía, tu mente más profunda asumirá el control y dirigirá tu pensamiento consciente a donde más necesites la sanación. Entonces, relájate y sigue la dirección natural que al parecer toma, confiando en este proceso, aunque sea inesperado.

Después de un rato con esto (qué tanto, depende totalmente de ti—continúa todo el tiempo que quieras), empieza también a percibir tu exhalación. Imagina que estás exhalando toda la negatividad, malestar, contaminación y basura de tu cuerpo, y específicamente, de tus pulmones. Representa esto con un aliento obscuro, sucio y manchado, que abandona tu cuerpo y emana hacia afuera y lejos de ti. A cambio llega esta fuerza blanca pura. Si lo deseas, puedes concentrarte mentalmente en lo que desees eliminar, sintiendo que esto te abandona mientras exhalas el aliento obscuro.

Continúa con esto todo el tiempo que parezca necesario para que el aliento obscuro haya salido de ti y después veas que se ilumina y cambia de color gradualmente. Lentamente se va volviendo gris y después blanco, tomando de pronto la brillantez de la luz blanca que has estado inhalando. Sigue inhalando y exhalando la fuerza blanca y pura, viéndote rodeado y lleno de ella. Deja que esto se absorba en ti por todas partes y permítete purificarte.

Esta puede ser una sensación maravillosa, así que continúa con ella un rato, pero no mucho tiempo. Cuando estés listo inicia tu regreso, asegurándote en hacerlo totalmente descansado y renovado. He descubierto que es bueno tomar después agua de manantial purificada. Mientras bebes lentamente el agua, ve esto también como un líquido purificador y limpiador, el equivalente físico de la energía que acabas de inhalar.

Puedes hacer de esto una práctica diaria para mejorar y generar el bienestar y la salud. Sabe conscientemente que tu agua es una fuente pura, un regalo de los dioses. Quizás agradece esto y pide que sea bendecida, como lo desees.

La técnica para la Respiración de Purificación es la siguiente:

Arraiga y conecta

Establece un patrón de respiración

Inhala luz y energía blanca y pura

Exhala aliento obscuro y sucio

Aclara el aliento sucio con luz blanca pura

Inhala y exhala luz blanca pura

Arraiga

Respiración por los Poros

Se puede considerar que este ejercicio no es una meditación, pero probablemente es más efectivo cuando se hace de una manera meditativa, como lo haremos aquí. Es un placer hacerlo y muy estimulante, se puede hacer uso del entorno propio para un mayor efecto. Si es en interior, es bueno hacerlo parado junto a una ventana abierta con cualquier clima, de preferencia desnudo. Quizás su ubicación ideal es en la cima de una colina, ¡aunque aquí puedes preferir estar vestido!. De nuevo, en esencia, es una técnica muy sencilla que puede realizarse sentado, parado o acostado.

La Respiración por los Poros produce energía de limpieza para el cuerpo y es excelente si tienes algún problema o condición que te molesta en la piel. Puede ser útil cuando te sientes claustrofóbico, invadida tu intimidad o sólo sucio de alguna manera. La meditación dejará tu cuerpo y tu mente más ligeros, que a su vez aligerarán tu espíritu.

Empieza la técnica concentrándote en tu respiración y creando un patrón natural regular, que en este momento ya debe ser conocido y fácil de entrar. Relájate profundamente y no intentes fabricar un ritmo, simplemente suéltalo y deja que suceda. Aquí no te apresures, ya que este patrón es esencial para el trabajo productivo de esta meditación.

Cuando te sientas bien respirando de esta manera, empieza a imaginar que cuando respiras, lo haces por todos los poros de tu piel. Hay millones de poros u hoyos diminutos en tu piel, que de hecho es el órgano más grande de tu cuerpo y necesita que se le cuide tanto como tu corazón, pulmones o riñones. Es posible que quieras imaginar que cada uno es como una nariz diminuta, que te permite respirar automáticamente a través de este, cada vez que tus pulmones tomen una respiración.

Mientras lo haces, ábrete por completo en todas las áreas de tu cuerpo, para introducir sustento, salud y vida. Cuando exhales puedes eliminar lo que ya no necesitas o deseas y despejar tu sistema de esta manera.

Sigue respirando profundamente unos minutos o el tiempo que sientas cómodo para ti y sea necesario para limpiar por completo todo tu sistema.

Deja que la luz solar, aire, calor, salud y pureza recorran totalmente tu cuerpo. Cuando hayas sido suficiente, simple y suavemente detente, regresando totalmente a tu conciencia cotidiana como siempre, para garantizar que recibas los beneficios de este ejercicio. Con esta meditación puedes quedar sintiéndote más ligero que antes, así que no te apresures para levantarte.

La técnica para la Respiración por los Poros es la siguiente:

Arraiga y conecta

Establece un ritmo regular y natural en tu respiración

Inhala energía a través de todos los poros de tu piel

Arraiga

El Viaje de Sanación

Ahora llegamos al empleo de la visualización en la meditación de sanación. Para esto, emprendemos un viaje guiado, con más detalles de los que hemos tenido hasta ahora. Para hacer esto, usa los mismos principios descritos previamente en la meditación del arból y en las meditaciones de los meridianos, siguiendo las imágenes como se dan naturalmente en tu mente, mientras haces la meditación. El viaje te lleva a un lugar que te permite una sanación completa y total del Cuerpo, Mente y Espíritu.

Sin embargo, recuerda que no es necesario estar enfermo para hacer esta meditación. Es conveniente hacerla sin tener en cuenta tu estado de salud, porque en cuanto estés en el lugar de sanación, siempre ganarás, aunque sólo sea como un ingreso de energía. Si tienes algo mal, esta meditación ayudará. Por lo tanto, quizás sea especialmente útil si no conoces la causa de tu mala salud o tu condición necesita un tratamiento a largo plazo, desde un hueso fracturado hasta cáncer.

Si se visita periódicamente, el lugar de sanación al que vayas en este viaje, se aclarará y puede llegar a representar un lugar que simbolice tu estado de salud perfecto. Entre más regreses a este, más regresarás a la salud perfecta. Si conscientemente no se obtiene nada más, el viaje de sanación puede dar paz y consuelo en plena época de preocupación y duda.

Empieza por arraigar y conectar, como siempre, y llegar a estar equilibrado y seguro. Ahora empieza a mirar desde adentro de tu tercer ojo interno imaginario (¡o no tan imaginario!). Esta visión interna te permite ver, como antes, lo que es real. Mientras observas, te encontrarás en un sendero que está al pie de una colina, que asciende suavemente ante ti. Cerca de este, la vegetación crece tupida, pero cuando te detienes a examinar más de cerca, ves que está compuesto de maleza enmarañada y apretada. Entre estas hay muchas estacas y espinas afiladas y tienes que pisar con cuidado cuando empiezas a avanzar por el sendero. Permite que la imagen de este lugar se despliegue naturalmente en tu mente, aceptando lo que vez sin dudar o analizar en esta etapa.

El sendero es nebuloso y sinuoso, y parece que vas por este camino mientras avanzas. Sin embargo, percibes que, mientras tanto, estás subiendo y que has subido más de lo que te das cuenta. En algunos lugares puedes ver un arroyo corriendo a un lado del camino, y cuando lo observas ves que el agua casi no corre y está sucia y contaminada.

Tu continúas a pesar de esto, viendo todavía maleza y plantas que se ven decaídas y apagadas y sigues subiendo la colina donde está tu sendero. Ahora, observas que por un lado se comunica a un sendero torcido más pequeño y tiene una pendiente más escarpada. Puedes tomar esta desviación y seguir el camino, esforzándote un poco más para subir. De pronto, por el precipicio llegas a una punta de la colina que sobresale, siendo más alta que cualquier cosa alrededor. Aquí hay un ambiente diferente y el aire se siente de alguna manera cargado. Encuentras un lugar para sentarte o acostarte, tal vez contra el tronco de un árbol o un madero caído. Si ves alrededor, habrá un lugar que es adecuado para ti. (Si no puedes encontrar nada, indica que aún no estás listo para recibir tu sanación, entonces sal de ahí y regresa por donde llegaste, para volver cuando sientas que estés listo para hacerlo).

Ahora recuerda tu malestar, enfermedad, situación, o cualquier cosa que necesites sanar o si no hay nada específico, sólo relájate. Mientras fijas tus pensamientos, sientes que empieza a llover. La lluvia es cálida y enseguida sientes que te ha mojado totalmente. Sin embargo, cuando echas un vistazo, ves que no es una lluvia común, sino una lluvia que está llena de gotitas brillantes de líquido con los colores del arco iris. Se siente agradable y refrescante, puedes sentir cómo se filtra en ti por todos lados. Quédate donde estás y deja que esta lluvia sanadora te lave encima y a través de ti, y te sane.

Luego, cuando se detenga la lluvia (dejando que sea espontáneamente) te levantas otra vez y empiezas a regresar. Baja lentamente y con cuidado por el camino escarpado a donde está la bifurcación. Luego regresa bajando por un lado de la colina. Ahora el paso parece más fácil y el sendero más recto. Descansa de vez en cuando para observar. Cuando lo hagas, verás que ya no está la maleza y en su lugar hay una vegetación llena de vitalidad, de flores y colores resplandecientes. Parece que notas una proyección más profunda de los colores, como nunca lo habías visto y hasta el color del pasto se ve resplandeciente y saludable. El arroyo ahora es transparente y corre libremente. Parece como si todo estuviera en un estado de resplandor y de dicha. Cuando regresas, sientes tu ser y tu paso ligeros, y rápidamente regresas al punto donde iniciaste.

Deja que la imagen de este lugar se desvanezca, sabiendo que puedes regresar cuando lo desees. Si estás tratando una condición a largo plazo, puedes descubrir que poco a poco cada vez hay menos maleza cuando subes por el sendero, ya que el lugar refleja tu retorno a la salud.Regresa entonces como siempre, arraigándote clara y completamente antes de abrir tus ojos.

La técnica para el Viaje de Sanación es la siguiente:

Arraiga y conecta

Visualiza el sendero y la maleza a tu alrededor

Sube a la bifurcación en el camino y después al precipicio.

Deja que la lluvia del arco iris caiga sobre y a través de ti

Regresa, viendo la nueva vegetación y sanación alrededor de ti

Arraiga.

Meditación del Sueño

Puede parecer extraño incluir una meditación con el título de Sueño, pero la experiencia me ha demostrado que esta es un área que causa muchos problemas en el mantenimiento de nuestra salud y bienestar. Nuestro tiempo de sueño necesita ser de calidad para que descansemos, nos recuperemos y nos regeneremos en el nivel de energía más fundamental. Privarnos de este estado natural es privarnos de la salud en su nivel más esencial.

Puede haber muchas razones para la pérdida del sueño, estén inducidas artificialmente o no. Esto se menciona por que el sueño inducido con drogas o alcohol no es un sueño natural y regenerador, sino un estado donde se pone a descansar por un tiempo al cuerpo artificialmente. Es igual el uso de las pastillas para dormir, que parece muy natural y difundido. Lo que se necesita es un medio por el que podamos detener en nuestra mente el parloteo interminable de los pensamientos, mientras fijamos la mirada en la obscuridad deseando poder dormir. Necesitamos un medio por el que podamos suave y naturalmente entrar a un estado de sueño tranquilo, para despertar renovados y descansados, listos para enfrentar el día lo mejor que podamos.

Esta meditación está relacionada con ese mismo objetivo. Es una técnica de meditación fácil y sencilla, se le permite mantenerse relajada, pero no llena de un parloteo sin sentido. Con este estado relajado de la mente relajamos el cuerpo y así entramos al sueño. Puede valer la pena mencionar aquí, que muchas veces, inconscientemente, nos privamos del sueño por un buen motivo. Durante el sueño, los niveles más profundos de nuestra mente tienen la libertad de comunicarse con nosotros, con un lenguaje que siempre nos da la verdad. Si aún no estamos listos para enfrentar esa verdad, es posible que no deseemos dormir y enfrentar la realidad de esta manera. Por consiguiente, nuestra mente consciente inventa cosas — usualmente problemas y preocupaciones — que nos impiden dormir. En los citados niveles profundos es donde ocurre un cambio de conciencia que nos permite despertar, sabiendo una respuesta, sintiéndonos diferentes con respecto a nuestros problemas, porque subconscientemente ya sabemos la respuesta requerida. Con esto llega la responsabilidad, que nunca es fácil aceptar.

La meditación del Sueño te deja llegar a ese estado, por el cual pueden ocurrir los cambios de conciencia de una manera natural y sencilla. ¡Por supuesto que es mejor hacerla acostado en la cama o donde desees dormir! No es necesario Arraigarte y Conectarte porque aquí el objetivo es muy diferente. Simplemente deja que se cierren tus ojos y toma una o dos respiraciones profundas para relajarte inicialmente. Después concéntrate suavemente en tu respiración, soltando todo el control de ésta para dejar que entre en función un estado natural. Sólo suelta y deja que suceda esto. Si en algún momento esto es un problema, usa primero la respiración cuádruple para adquirir el control y luego de ahí, suéltate.

Ahora, de una manera más relajada, fija tu concentración en tus pies. Aflójalos e imagina que el contorno cada vez está menos definido, conforme te relajas profundamente. Siente que pierden su peso. Visualiza tus pies expandiéndose, de modo que no sea claro dónde termine tu cuerpo y empiece la energía circundante. Ahora tus pies están totalmente relajados y sin peso, elevándose un poco encima de la cama. A partir de aquí trabaja por todo tu cuerpo del mismo modo.

Sube tu concentración a tus rodillas, relajando tus pantorrillas del mismo modo e imaginando que se aligeran como antes. Ahora repite el procedimiento para los muslos, pelvis, cintura, torso, manos, brazos, hombros, cuello y cara.

Ya te sientes libre y ligero, flotando en el aire encima de tu cama. A partir de este momento, sólo deja que tu mente entre a la percepción de lo ligero que está tu cuerpo y cómo se ha unido a la energía a tu alrededor. Sólo suéltate y entra al sueño, si no estás ya ahí. Es bastante común, que cuando ya conoces el método de esta meditación, no llegues a más de la mitad antes de que caigas dormido.

Esta meditación favorece el patrón necesario de ondas cerebrales que permite el sueño. Cuando dormimos, digamos seis horas, esto consta de cuatro ciclos de 90 minutos de ondas alfa, theta y delta, como se llaman estos. Estas son tus ondas cerebrales, la energía de tu cerebro, moviéndose en diferentes velocidades que se relacionan con tu sistema corporal y controlan diferentes funciones del mismo.

Beta, tu patrón "cotidiano" consciente, no se usa durante el sueño ya que se relaciona con los cinco sentidos usados cuando estás despierto. Alfa, theta y delta se relacionan con los reinos espirituales y superiores. Estos patrones están regidos por el hemisferio derecho e intuitivo del cerebro, mientras que las ondas beta se relacionan con el lado izquierdo, consciente y lógico.

La técnica de la Meditación del Sueño es la siguiente:

Relájate y suéltate con la respiración

Concéntrate en tus pies y deja que pierdan todo su peso

Trabaja igual hacia arriba por todo tu cuerpo hasta tu cabeza.

¡¡Duerme!!

Esto nos lleva al final de las meditaciones de Sanación. De aquí en adelante, nos dirigiremos al uso de la meditación como una ayuda de desarrollo en la vida, suponiendo que tal vez ya medites regularmente y te hayas dado cuenta y utilizado conscientemente este beneficio en tu vida. ¡Entonces, en este momento empieza el verdadero trabajo!

Capitulo 7

Desarrollo Personal

Habiendo adquirido el hábito y la técnica de meditación en la vida personal, ahora es posible llevar las cosas a una etapa más avanzada, explorar el tema más profundamente y darle un uso mucho mayor. Esto contiene meditaciones específicas orientadas al desarrollo del Cuerpo, la Mente y el Espíritu. Para esto hay muchas propuestas, dando muchas veces la meditación una esencia o piedra angular de un trabajo mayor. Aquí consideramos el uso de la meditación como la cubierta, así como la esencia de nuestro desarrollo, porque la meditación puede aplicar tanto en los niveles internos, más profundos, como puede hacerlo en los más tangibles, en la superficie.

Para utilizar la práctica de la meditación en el desarrollo personal, realmente es necesario practicar diariamente. Esto da un tiempo habitual establecido para la reflexión, para el conocimiento objetivo, el cual permite el cambio de consciencia que a su vez deja que se tomen decisiones, que son la señal externa de algún nivel de desarrollo. Se ha dicho que el cambio es la única evidencia de la vida y por eso nuestra vida debe reflejar los cambios interiores que la meditación provoca en ese nivel. Nuestra vida y la sociedad son de tal modo, que es necesario tener por lo menos un período diario de meditación, si queremos en verdad mantener el control y encargarnos de todo lo que nos influye a nosotros y a nuestra vida. Hay tal bombardeo de información, velocidad y actividad que requerimos para ser parte funcional de la sociedad, que debemos, en algún punto, hacernos a un lado de todo este torbellino para preguntarnos: ¿qué está sucediendo, porqué estoy haciendo esto y con qué objetivo?

Estas preguntas quizás puedan ser todo lo que se necesita para una meditación efectiva del desarrollo personal, hechas con una objetividad honesta, pero es en este punto donde nos enfrentamos con un problema de "Callejón sin Salida". Es tal la cantidad de pensamientos, sentimientos, acciones e innumerables cosas más que caen en cascada en nuestra mente, por nuestro trabajo, familia, casa, coches, libros que leemos, películas que vemos, música que escuchamos y, de modo sorprendente, en sumo grado, los anuncios que se nos trasmiten, que a la mente moderna le llega a ser muy difícil hacer caso omiso cada día de entrada de esto. Por eso, no podemos apartarnos de los mismos objetivos que vanamente están intentando desarrollarse en nuestras vidas, por la presión que tenemos para hacer justamente eso. Por supuesto, primero debemos distinguir entre un desarrollo genuino y el simple acecho de las imposiciones y las emociones inducidas por la publicidad y cosas semejantes, pero esa es una tarea que no puedo aspirar a enseñarte por medio de este libro (¡Por tentador que sea intentarlo!).

Por lo tanto, se vuelve necesario darle un enfoque a la mente para que deje de entrar a una repetición interminable de pensamientos por el estilo de "debo recordar programar la video" o "prepararé la cena en cuanto haya terminado con esto", mientras estás haciendo tu meditación. Muchas veces este es el caso cuando intentamos simplemente dedicar un tiempo para meditar y nada más. A menos que hayas adquirido la habilidad y seguido cada impulso de meditar más a través de este libro, con toda honestidad es poco probable que puedas sólo sentarte y meditar, vaciando tu mente de toda esta basura cotidiana el tiempo suficiente para producir algo de valor, con respecto al desarrollo personal.

Como este libro pretende ser un enfoque práctico del uso diario de la meditación en la moderna sociedad Occidental, debemos, por lo tanto, darle una estructura a nuestras meditaciones para que podamos apartarnos del torbellino cotidiano y, en cambio, concentrarnos en esas fuerzas y energías — aquellas que son la base y configuran la realidad que experimentamos — y entonces recuperar el gran control y el conocimiento necesario para conceder el cambio de consciencia buscado. En otras palabras, necesitamos una manera de verificar qué, cómo, por qué y a dónde nos dirigimos en nuestra vida, y por ello, darnos la oportunidad de cambiar si juzgamos que es necesario.

Esto sigue un principio, que de nuevo repite por qué es tan esencial el enfoque de una meditación práctica cotidiana para una vida plena y progresiva. Es muy fácil aceptar la opción cómoda de enrollarte en el trabajo, pasar el día, librarte de la cena y pasar la tarde frente a la televisión, quizás saliendo una noche a la semana. Hay mucha sutil presión silenciosa para vivir de esta manera, como "miembros respetables de la sociedad", que necesita cierta motivación y voluntad, es muy raro romper y mantenerse libre de las trampas mortíferas de la respetabilidad y de "hacer lo correcto". Sólo necesitas hacer lo correcto para ti mismo, y la meditación puede, asombrosamente, darte la habilidad para descubrir lo que es eso y cómo hacerlo. Muchas veces, es lo mismo que siempre has soñado, pero pensaste que nunca podrías hacer. La meditación da la estructura sobre la que puedes edificar tu propia vida, con tus propios retos, lecciones, fracasos, triunfos y, básicamente, el aprendizaje y la realización.

Por lo tanto, es lógico buscar consuelo en la misma estructura en que está creada y basada nuestra vida, para permitirnos y asegurarnos que seamos quienes tenemos el control de todo lo que pensamos, decimos, sentimos y hacemos. Durante miles de años la humanidad ha buscado en los Elementos la explicación de la vida, para ver y comprender sus métodos.

Recientemente hemos intentado, ridícula y vanamente, dominar y controlar esos Elementos. Esta es una búsqueda inútil que la humanidad, hasta el final del siglo 20, obstinadamente se ha negado a dejar. En cambio, en nombre del progreso, como raza hemos aniquilado mucho de lo que hemos intentado controlar, hasta el grado de que ahora amenazamos nuestra propia supervivencia. Esto no es sólo que amenazamos a la Tierra sino que la Tierra, en efecto, nos amenaza. No por rencor o coraje, sino, simplemente, por sus propios instintos de supervivencia.

Se nos ha mostrado más y más el poder y la magnitud de estos Elementos, recordando eventos como los incendios en Sydney, las inundaciones del Mississipi, numerosos terremotos y el huracán de 1987 en Inglaterra.

Estas han sido las manifestaciones impresionantes de los poderes del Fuego, Agua, Tierra y Aire, respectivamente, y con toda seguridad debemos aprender las lecciones que lo anterior nos muestra, o perecer. Una manera es aceptar que los Elementos son más grandes y fuertes que nosotros, y al aceptarlo, aprender a cooperar y a utilizar estas fuerzas para nuestra supervivencia y desarrollo, no a costa de la tecnología, sino adaptándola. ¿Pero que tiene que ver todo esto con la meditación práctica?

De hecho, tiene todo que ver con la meditación práctica. Si en este momento vuelves a leer el párrafo anterior en el contexto de los Elementos, siendo esas fuerzas no sólo las que configuran y controlan la vida en la Tierra, como planeta, y a la humanidad, como raza, sino individualmente en cada persona y como parte de esa raza, entonces puedes empezar a ver qué tan vital y necesario es llegar a ver su función en tu propio ser y en tu vida. Por eso, descubrimos que necesitamos ver cómo nos están influyendo estos Elementos en cualquier momento y así establecer una unión con ellos, dándonos así a cada uno de nosotros el control que buscamos. Un mayor conocimiento de los Elementos en el nivel interno de la meditación nos da la habilidad de ver la influencia y la función de sus respectivas esferas de influencia. Con esto podemos construir y reconstruir, como sea necesario, en el nivel más básico de nosotros mismos y de nuestra vida, mientras asimilamos las experiencias lanzadas hacia nosotros implacablemente. De este modo, llegamos a dominar los Elementos, permitiéndoles que reinen sobre nosotros, y teniendo confianza y seguridad por saber que al separarnos un momento de su influencia, cada día en meditación, podemos observar lo que nos está sucediendo, cómo y por qué, y así tomar medidas para aprender de esto. Por lo tanto, la meditación es eminentemente práctica.

Ahora es necesario ver y comprender cómo nos influyen cada uno de los Elementos y constituyen una parte nuestra, para que estemos en condiciones de hacer algo con ellos. Se ha escrito mucho sobre la naturaleza y las correspondencias de los Elementos, todo lo cual se suma a la comprensión. Lo que aquí se da es de nuevo una breve introducción, lo suficiente para nuestro objetivo, pero los lectores que necesiten un estímulo mayor, les recomiendo el trabajo de Marian Green "The Gentle Arts of Aquarian Magic", que da cuatro excelentes capítulos sobre la naturaleza de los Elementos.

Los cuatro Elementos son Tierra, Aire, Fuego y Agua. Para quienes ya lo estén pensando, el quinto Elemento, el del Espíritu, se trata después de que estos cuatro se hayan examinado y meditado. Quizás la manera más sencilla y directamente aplicable a la descripción de su naturaleza es con las cuatro clasificaciones de: material, mental, espiritual y emocional, respectivamente.

A estas cuatro áreas dirigimos nuestras meditaciones de los Elementos, como un medio para analizar y controlar nuestra vida diaria. Necesitamos llegar a percibir nuestras acciones, pensamientos, creencias y sentimientos, por encima de nuestro nivel ordinario si queremos expandirlos y desarrollarlos. El medio para hacer esto es meditando en ellos. Si me permites aquí darme el lujo de "encasillar" una posibilidad, encontrarás que la mejor manera de comprender profundamente cómo nos influyen los Elementos es, primero, estudiando las meditaciones y segundo, ¡haciéndolas!. Esto es porque en cierto grado el contenido de las meditaciones es simbólico. Por decir, lo que ves y sientes durante las jornadas de visualización son una representación de lo que estás sintiendo en ti mismo y en tu vida de ese Elemento en particular.

Nuevamente, sobre todo analiza tú mismo lo que experimentas en estas meditaciones. Aquí mi único consejo y recomendación es que seas honesto y sincero. No he hecho una lista de la técnica de estas meditaciones, ya que simplemente es arraigar y conectar, seguir el viaje y arraigando otra vez.

Viaje de la Tierra

Empieza, como ya debes esperar, con tu Arraigo y Conexión. En este nivel de meditación es donde se convierte, en verdad, en el proceso de introducción que, no obstante, aún sigue siendo vital para tu viaje seguro y fructuoso.

Desde el centro de equilibrio imagina que, desde ahí dentro, estás observando por ese mismo Tercer Ojo interno que usaste previamente. Puedes dedicar un poco de tiempo para concentrarte en esto, desde adentro de tu frente. Esto abrirá ahí el centro de energía o chakra y puedes sentir alguna de las "sensaciones de energía": hormigueo, calor, etc. Imagina que este ojo se abre y ve hacia afuera, observando lo que es verdadero y real, pero en otro nivel de percepción.

Mientras observas, concéntrate en un sendero en el bosque. El bosque tiene muchos arboles y frente a ti hay una puesta de sol. Puedes escuchar a tu alrededor el sonido de la vida del bosque reviviendo por la tarde y la noche. El canto de los pájaros en los árboles y cerca de ti, puedes escuchar el sonido de los animales corriendo por los alrededores en busca de alimentos.

Si ves más cerca entre las enredaderas y los arbustos puedes entrever un movimiento en las hojas y las hierbas secas que tapizan el suelo de este lugar. Está presente un calor seco, al final de un día caluroso y mientras empiezas a caminar por el sendero, el ruido de tu movimiento asusta algunos pájaros que emprenden el vuelo con un nerviosismo de sus alas batientes.

Mientras caminas, empiezas a sentir el ambiente muy denso y casi sólido de este lugar. Alrededor de ti todo parece ser de alguna manera más real. Sigue el sendero, que es una vereda áspera que se ha marcado en el piso, quizá por otros pies que han caminado por este sendero antes que tú. El sendero se desvía a este camino y atraviesa el bosque, mientras caminas, tus ojos se acostumbran cada vez más a la luz que disminuye. Descubres que puedes reconocer muchos detalles a tu alrededor. Ahora el sendero se endereza y los árboles, que antes eran de muchas clases y ahora son altos y rectos, forman lo que parece ser un muro impenetrable a cada lado de ti. Viendo hacia arriba, sólo puedes ver a lo lejos que las ramas forman un arco y sientes que el aire cambia mientras sigues este camino. Descubres que ahora tienes en ti y en tu ser un sentimiento profundo que te consuela, algo que sabes que sentiste antes, pero no puedes recordarlo bien.

Te parece que estás descendiendo, y viendo hacia el frente, parece que el sendero tiene una pendiente. Grandes piedras con manojos de pasto intercalados se entremezclan entre los árboles y el sendero está cubierto de piedras sueltas, haciendo que camines con cuidado. De pronto, ya no hay árboles cerca de ti, sólo rocas que se levantan abruptamente junto a ti. Ahora el sendero también es de roca sólida. Volteas hacia abajo, a tus pies, para caminar con cuidado, mientras, sigues avanzando.

Un poco después te das cuenta de que has caminado en descenso una gran distancia. Cuando volteas hacia arriba ves que la roca se ha unido y estás en un túnel debajo de la Tierra. Sin embargo, puedes ver con bastante claridad, mientras te concentras y enfocas, acostumbrándose ahora tus ojos a la obscuridad. Un poco más adelante hay una luz tenue que se dirige hacia ti.

Parece que tus pies cada vez son más pesados a medida que el sendero sigue descendiendo. La luz que está frente a ti no es brillante, pero te anima con su presencia. Conforme te acercas a la luz, el sendero entra a una cueva. Te das cuenta que estás dentro de las profundidades del cuerpo de la Tierra. Voltea alrededor ahora y ve que lo único que hay en la cueva es una mesa o altar en el centro, hermosamente tallado en la roca. En su superficie está encendida una pequeña flama, tranquila y estable, la fuente de la luz que seguiste. Alrededor puedes ver, en las sombras, símbolos y pinturas pintadas en los muros de la cueva. Detente ahora para estudiar tus alrededores, las pinturas, los símbolos y tus sentimientos al estar aquí. Toma todo el tiempo que necesites en esta etapa y cuando sientas que estés listo, continúa.

Ahora acércate al altar y siéntate enfrente. En la roca hay una depresión formada que te da un asiento cómodo. En el altar puedes ver que hay algunos objetos encima, algunos son del bosque. Cierras tus ojos mientras parece que el ambiente te rodea, haciéndote sentir cálido, seguro y cómodo. Tienes la sensación de hundirte. Por un momento todo está tranquilo y estable, mientras parece que sueñas con la Tierra, debajo, en la cueva. Ahora sólo permite que voluntariamente venga a ti cualquier sentimiento e imagen, todo el tiempo que lo desees o necesites.

Cuando estés listo, siente que una vez más te elevas y que has regresado a la cueva. Abre tus ojos y ve el altar frente a ti. Puedes notar que todo parece de alguna manera diferente, con más vida que antes. Vuelve a observar los muros, ya que puedes comprender mejor lo que estás viendo. Es el momento de partir, sabiendo que puedes regresar cuando lo desees, para volver a sentir la cueva y la Tierra, y aprender más. Ahora vuelve sobre tus pasos, subiendo a tu propio ritmo al sendero de roca en el camino de los árboles. Gradualmente se va haciendo más brillante y puedes ver un resplandor extraño a tu alrededor mientras sales de regreso al bosque.

Al ver hacia arriba, puedes observar la luna en un cielo despejado y por alguna parte puedes escuchar el aullido de un lobo, pero con esto te sientes calmado, no atemorizado. La luz de la luna te guía de vuelta por el serpenteo del sendero, regresando a donde reconoces tu punto de partida. Ahora deja que este lugar se desvanezca, trayendo contigo lo que aprendiste. Regresa tu atención a tu respiración y arráigate como siempre.

Viaje del Aire

Empieza este viaje igual que el anterior, arraigándote y enfocando tu atención en el área del tercer ojo, imaginando que ves desde ahí. Cuando observes, verás que estás parado al pie de un sendero escarpado, que asciende por un lado de un acantilado. Junto hay una playa pedregosa que conduce a un mar tranquilo, a cierta distancia de ti. Viendo hacia arriba puedes ver la cara blanca del acantilado, áspera y deteriorada por los años de exposición. Cuando observas minuciosamente puedes ver la ruta que tiene el sendero, mientras da vuelta a uno y otro lado, abriéndose paso hasta la cima del acantilado. Puedes sentir la brisa del mar fresca y agradable que sopla en tu cara, y puedes oler y notar un sabor del aire marino mientras respiras. Te detienes un momento e inhalas este aire puro, llenando bien tus pulmones y dejando que circule por tu cuerpo, limpiando y purificando a su paso.

Un poco después, vuelves a voltear al sendero frente a ti y empiezas a avanzar. Encuentras que es necesario caminar con cuidado porque el sendero es escarpado y hay algunos trozos de creta de los acantilados tirados por acá y por allá. Sin embargo, sientes que subes, alejándote del mar rápidamente, aunque el acantilado todavía se impone amenazante arriba de ti.

Mientras sigues subiendo, das vuelta, primero hacia un lado y después al otro, mientras el serpenteo del sendero hace que te sientas un poco mareado y confuso. El viento también se acelera, volando tu cabello en tu cara y haciendo que sea más difícil cada vez que volteas a enfrentarlo. Te inclinas hacia adelante para facilitar el camino y entierras tus talones mientras sigues subiendo el acantilado.

En este momento descansas para recuperar el aliento y volteas a la cima del acantilado. Forzas tu vista, pero no puedes distinguir el borde verde del pasto que señala la cumbre. Parece como si todo estuviera brumoso a tu alrededor. Te das cuenta de que las nubes han bajado sobre los acantilados y están empezando a girar alrededor de ti. Asegurándote contra la fuerza creciente del viento, sigues por el camino que sube a un lado del acantilado.

A medida que subes sientes la frescura del viento llegando a tu cuerpo, pero esto es más refrescante que desagradable. Sin embargo, en ocasiones el viento es tan fuerte que necesitas estabilizarte para mantener el equilibrio. Instintivamente, llegas a un lado del acantilado y su textura húmeda es fuerte y sólida contra tu asimiento. Te adhieres, pudiendo ver en este momento sólo frente a ti, por la densidad de la nube. Ahora el viento llega en ráfagas y remolinos, que parece atrapar tu aliento y llevarlo sobre el acantilado.

Justo cuando piensas que ya no puedes avanzar más, cuando el viento empieza a cortar, sientes que el sendero se nivela bajo tus pies, y la suavidad de un pasto exuberante. Luego se despeja un poco la nube puedes ver y darte cuenta que has llegado a la cima del acantilado. La nube retrocede a tu alrededor y puedes ver el pasto y el helecho cerca de tus pies. Hay un pequeño conjunto de árboles inclinados hacia un lado, como si apuntaran hacia el mar, empujados hacia ese lado mientras crecían por la fuerza del viento.

Sigues la dirección de los árboles y ves hacia el mar. El viento sopla detrás de ti con mucha fuerza.

Mientras volteas a ver el mar, descubres que puedes respirar fácilmente y sientes el viento calando tus huesos. Elevas los brazos sobre ti en un gesto de entrega al viento. Mientras lo haces, sientes que te tambaleas un poco y por un momento piensas que te va a arrastrar. Entonces, la ráfaga cede y sientes que el viento te suelta. Cuando lo hace te das cuenta de una ligereza que antes no había. Permaneces un momento en esa posición y dejas que el viento se lleve tus telarañas, purificando y limpiando el cuerpo, la mente y el espíritu. Ríndete a esa fuerza y siente todo lo que has estado guardando, todo lo que impide la claridad, elevándose y siendo arrastrado hacia el mar.

Cuando estés listo, sin apresurarte, baja tus brazos. Tienes la sensación de ser mucho más ligero, como si ahora estuvieras flotando. En este momento no puedes ver nada a tu alrededor, porque te rodea una nube densa. Ahora voltea hacia abajo y sólo verás nubes debajo de ti. La sensación de moverte y flotar te regresa, y te das cuenta con un gozo repentino que la nube te ha elevado y te llevó al borde del acantilado, encima del mar.

Te sientes perfectamente seguro y no tienes ninguna sensación de temor. En cambio, la nube te sostiene y hay una sensación de seguridad y de libertad, como si la nube te consintiera y te consolara. Cierra tus ojos y entrégate a este sentimiento. Tienes la leve sensación de descender gradualmente. Ahora deja que transcurra un poco de tiempo en tu meditación, disfrutando la sensación de flotar y dejarte llevar, viendo hacia dónde te lleva.

De pronto sientes una superficie debajo de tus pies y ves que la nube se ha vuelto una ligera nubecilla. Volteas hacia abajo y en donde estás parado ves piedrecillas debajo de ti. La nube te ha regresado a la playa, al pie del acantilado y ahora se ha dispersado. Viendo hacia el acantilado puedes sentir una brisa suave y cálida que viene del mar, que te agrada. Cuando te paras sientes una ligereza de cuerpo y una claridad de mente que antes no había. Percibiendo sólo esto, deja que el acantilado y la playa se desvanezcan e inicia tu regreso, asegurándote de que te arraigues por completo.

Viaje del Fuego

Empieza con el arraigo y la conexión, volviendo a ver desde adentro de ese ojo interior. Esta vez estarás sentado frente a una vela en una habitación que te es familiar. Parece como si hubieras estado aquí antes, pero sólo puedes recordar la escena vagamente. La habitación tiene una forma extraña, con varios lados. Cada lado está coloreado con una combinación de rojos y naranjas que se mezclan entre sí, abajo el rojo más obscuro y el naranja más pálido arriba, dando paso luego al blanco. Cuando ves alrededor de la habitación tiene un efecto deslumbrante en ti, quedando un poco desorientado y mareado. También notas que la temperatura en la habitación es muy cálida.

Tu mirada regresa a la vela y ves que tiene los mismos colores de las paredes de esta habitación. La llama es muy brillante y cuando la miras parece como si estuviera viva. Baila y parpadea de un lado a otro y parece que te tiene hechizado. Te dejas llevar por su hechizo y mientras estás sentado mirando la llama de la vela, te das cuenta que te has quedado muy tranquilo. En este momento lo único que puedes ver son los movimientos de la flama y parece que responde a tus pensamientos. Ahora percibes que se ha establecido un contacto y que puedes comunicarte con el ser de esta flama. En tu mente haz ahora cualquier pregunta y deja que la flama te muestre las respuestas. Si lo prefieres, simplemente siéntate, quédate quieto y deja que de la flama salgan imágenes, pensamientos, palabras y sentimientos.

Después de un rato, tu concentración se rompe por el olor de humo que te llega. Volteas y detrás de ti ves, por primera vez en esta habitación, una puerta. Ahora está abierta y entra el humo. Olfateas el humo y puedes oler hierbas y resinas. Después adviertes la crepitación de las llamas y decides ver qué clase de fuego es este.

Levántate, ve hacia la puerta y atraviésala. Llegas a una pradera, con muros de piedra por todos lados.

La luz se va desvaneciendo y a cada momento la brillantez del fuego resplandece más. Te levantas para observar tus alrededores y verlos más de cerca. Percibes dos muros pequeños de flamas, quemándose uniformemente hacia arriba, frente a ti, a una distancia de, más o menos, 30 metros. Están separadas, más o menos, dos metros. Tapizando el suelo, hay un tapete de carbones ardientes.

Avanzas hasta pararte frente a los carbones ardientes, en medio del paso. Por ambos lados las flamas llegan hasta tu cintura. Sueltan plumas de humo que salen en espiral hacia el aire. Observas cómo se eleva y da vueltas el humo a tu alrededor, como si te levantara con su fuerte fragancia. Inhalas esto y parece que revolotea por tu cabeza. Mientras estás parado en el borde del paso, el calor de las flamas y de los carbones, y la fragancia, te alcanzan y te rodean. Tus pensamientos se dirigen a tu fuego interno y sientes la fuerza de esto elevándose en tu interior. Mientras estás parado observando las brazas resplandecientes, la fuerza crece cada vez más en tu interior y parece que te quema los músculos.

La fuerza interior continúa y te impulsa a avanzar. Algo hace clic en tu cabeza y todo se aclara. De la nada ves la imagen de una vela encendida. A un paso rápido pero ligero te mueves, sin dejar de ver la vela encendida. Te acercas, percibiendo únicamente la vela. Estás concentrado, y en verdad, cada paso que das te acerca cada vez más a tu meta. Esto es lo único que ves y sabes. Por estos breves momentos tienes una claridad mental y un propósito que nunca antes habías conocido. Por un momento se detiene el tiempo y te llega la comprensión.

Cuando te vuelves a dar cuenta de dónde estás, te encuentras de regreso en la habitación con los colores del fuego donde iniciaste, sentado de nuevo frente a la vela. Percibes que recorriste el camino del fuego y pisaste las brazas ardientes. Saliste ileso e intacto. Ahora hay paz, tranquilidad y calma, en la flama de la vela que se quema sin cesar frente a ti.

Cuando ves la flama, sientes una calma perfecta en el interior de tu mente y de tu cuerpo. Los colores y la luz se desvanecen a tu alrededor y, en cambio, te das cuenta de tu respiración. En este momento, permite que la habitación se desvanezca por completo y regresa, arraigándote totalmente.

Viaje del Agua

Empieza como siempre, arraigando y conectando, luego concéntrate en la visión interna del tercer ojo. Observa desde el interior y ve que estás en medio de un bosque espeso. A tu alrededor hay grandes árboles frondosos, viendo que todos y cada uno tienen gotas de agua relucientes y brillantes en la superficie pulida de las hojas. Cuando observas un poco más a tu alrededor, ves todo tipo de plantas tropicales extrañas. Las flores de algunas pueden ser conocidas, mientras que otras te asombran con su fantástico muestrario de colores. Aquí es húmedo y está mojado. Tu ropa se moja rápidamente por la lluvia ligera pero persistente, que lo hace más agradable. Hay esencias exóticas que te llegan cuando empiezas a caminar por los alrededores y exploras este lugar.

Empiezas a caminar por el bosque, descubriendo que tienes que abrirte paso entre las hojas y las ramas. Unas se te regresan a la cara, mojándote con una palmada, y pronto quedas completamente mojado. Bajo tus pies, el suelo es suave y mullido, y también es húmedo. Escuchas los sonidos del bosque a tu alrededor mientras caminas, el canto de los pájaros y el crujido de animales que no ves.

Avanzas, metiéndote entre los árboles y agachándote para evitar las ramas que cuelgan. Más adelante empiezas a escuchar el sonido de agua que corre. Al principio es lejano y no puedes ver su origen, sólo el bosque a tu alrededor. Sin embargo, tu caminata te acerca al sonido que cada vez se hace más fuerte. Sigues avanzando, pero aún sin ver el agua que provoca el sonido. Esto ha aumentado hasta ser un bramido constante en tus oídos y, cuando avanzas por las hojas, repentinamente se termina el bosque.

Entonces te encuentras parado en la orilla del cauce de un río grande y rápido. El sonido es fuerte y la visión te domina y te detiene. El agua hace espuma y burbujas contra las orillas y contra la roca ocasional que sobresale en el agua. Mientras estás parado observando, ves una rama que es arrastrada por la espuma en la superficie del agua. La visión y el sonido del río parece que te sumergen cuando estás parado ahí, y surge un torrente de sentimientos y emociones. Continuamente quedas salpicado, ya que el río pasa por tus pies. Esto no te molesta, ya que parece que la fuerza del río te domina, llenándote de emoción y de alegría.

De repente, los sentimientos te azotan y sin pensar en las consecuencias, brincas a este. Salpicas y en un segundo el agua se cierra sobre ti. Después hay luz y aire, y sales a la superficie. La fuerza del agua te arrastra e instintivamente te agitas violentamente con tus brazos y tus piernas. Sin embargo, entre más haces esto, tu viaje parece más golpeado y desagradable. Pronto dejas de luchar, te sueltas y te entregas al agua, y los sentimientos que parecen surgir de tu interior, por un momento se alejan.

De pronto, nuevamente te das cuenta de un nuevo sonido. Con un poco de esfuerzo vuelves a ajustar tu posición, todavía siendo arrastrado por el río, para ver delante de ti. Al frente, a poca distancia, el río desaparece y una gran cortina de rocío aparece en su lugar. También parece que el bosque en ambos lados se desvanece y sólo puedes ver el cielo más allá. Percibes un gran bramido, que llena tus oídos y tu corazón. Te preparas para caer sobre el borde de lo que ahora te das cuenta que es una cascada. Casi al mismo tiempo, el apoyo y la cercanía del río te abandonan y sientes que caes por el borde.

Con gran sorpresa, descubres que no es como una caída. Estás sin aliento, pero sólo te das cuenta del agua que te rocía por todos lados.

Parece que esto te lava, de alguna manera, adentro, así como por todo tu cuerpo. Te dejas llevar por el agua y mientras lo haces, sientes que también te liberas y te sueltas emocionalmente.

De pronto, hay una leve salpicada y caes en un estanque. Te arrastra lejos de la cascada, de modo que su sonido se vuelve suave y distante.

Aquí hay calma y tranquilidad, con el suave chapoteo de este estanque en la Tierra. Recuperando tu aliento y tus sentidos, el agua te lleva y llegas a un suave descanso en una orilla con pasto. Estás al pie de los acantilados, en un refugio de calma y tranquilidad.

Te has entregado al reino del agua y ahora sientes la calma después de la tormenta. Sales del agua y te acuestas en el pasto.

El chapoteo del agua en la orilla te calma y cierras tus ojos, sintiéndote emocionalmente satisfecho y liberado. Ahora, gradualmente se te desvanece este lugar y vuelves a percibir dónde estás. En este momento regresa tus pensamientos a tu respiración y lentamente profundízala, arraigándote y regresando completamente como siempre.

Viaje del Espíritu

Antes se mencionó el quinto Elemento del Espíritu y ahora sólo me tomará un momento para aclarar su existencia, porque muchos eligen ignorarlo u olvidarlo. Para esta aclaración, nos dirigimos al principio holístico del ser íntegro, que es mayor a la suma de sus partes. Aplicado a los Elementos, quiere decir que cuando combinamos los cuatro Elementos como los hemos visto, obtenemos la quintaesencia del quinto Elemento del Espíritu o el Éter. Esto se toma como referencia de la espiritualidad superior inherente en cada ser y a su naturaleza divina, de cualquier manera que pueda concebirse.

En especial, se puede mencionar aquí que nosotros, como humanos, somos una combinación de los otros cuatro Elementos y para sobrevivir necesitamos cada uno de estos de diferentes maneras. En sí, como somos esa combinación, somos Espíritu personificado. Por supuesto, esto quiere decir que si intentamos controlar y dominar los cuatro Elementos reprimiéndolos, en realidad estamos intentando reprimir el espíritu humano y divino. De vez en cuando, la historia nos revela que el espíritu humano no puede reprimirse.

La playa a la que viajas, descrita en esta jornada, está basada en una que tuve la fortuna de visitar, en la antigua Yugoslavia, en la Costa Adriática, donde en ocasiones pude observar a los delfines jugando, en el sol de la mañana que brillaba mágicamente en el agua y era tan transparente como un diamante perfecto. Esas imágenes se alojan en la mente para ser albergadas y abiertas como las páginas de un álbum fotográfico favorito. Este es, entonces, uno de los míos que comparto contigo y espero que tú encuentres y guardes el tuyo propio.

Empieza como siempre y cuando estés listo, observa desde tu ojo interno. Ahora descubres que estás parado frente a una pequeña entrada, en una cerca de madera que pasa por el campo. El campo está atrás y enfrente de ti. Más allá de esta entrada, y descendiendo desde donde estás parado, hay una hermosa playa. Donde estás puedes oler el aire fresco del mar y sientes la brisa que sopla. El día es cálido, pero con unas nubes regadas en un cielo azul. El suelo debajo de tus pies es cálido y húmedo, como si acabara de llover. Al acostumbrarte a este lugar, sientes una cierta respuesta interna, en lo profundo de tu corazón, que te impulsa a avanzar.

Ahora agáchate y abre la puerta, bajando por el sendero empinado y pedregoso que encuentras en el otro lado. Arriba de ti puedes escuchar el canto de las gaviotas, y te detienes para seguir su vuelo en picada que toman en las corrientes de aire. Ahí la arena está dispersa en el camino, que ahora está entre rocas deterioradas y matas de pasto que sobresalen por aquí y por allá. Mientras bajas por la pendiente, el sendero se abre paso a través de una grieta en la roca, que es más grande que tú. Al frente, puedes ver la playa donde termina el pequeño acantilado. Aquí no hay viento y por un momento parece que todo está tranquilo, excepto por el romper de las olas, distante en la playa.

De pronto, llegas al final del sendero entre las rocas y tus pies están en la arena profunda, con piedras regadas aquí y allá. Quítate tus zapatos, dejándolos al borde del camino, donde sabes que estarán seguros. Al quitártelos, pones tus pies sobre la arena, sintiendo cómo se hunden y los finos granos de arena que se meten entre tus dedos. Avanza hacia el agua, caminando con cuidado entre las rocas y las piedras. El sonido del mar te llega y se hace más claro a medida que tus pies avanzan en la arena profunda, donde recientemente han llegado las olas. Por tu cara y tu cuerpo sopla el aire salado, y también puedes probarlo cuando respiras profundamente su calidad limpiadora y refrescante.

Mientras, estás parado ahí, casi sin darte cuenta de que caminaste a la orilla del mar y que las olas rompen suavemente cerca de tus pies y tus tobillos. El agua está agradablemente cálida y dejas que se cierren tus ojos. Estás solo y no tienes miedo. Toma una respiración profunda de ese aire fresco del mar y deja que la brisa sople sobre tu cuerpo. Siente las olas rompiendo contra tus piernas y la arena húmeda y cálida, mientras te hundes un poco donde estás parado.

Mientras estás parado en la playa con tus ojos cerrados, sale el Sol de atrás de una nube, y de repente sientes el calor de sus rayos penetrando en tu cuerpo.

Parece que te sostiene, y a veces también parece que se detiene. Lo único que existe es la arena húmeda, el mar, el aire salado y el Sol. De repente, desde tu interior te dejas ir, soltando todos tus pensamientos y tus sentimientos, liberando toda la tensión de tu cuerpo. Mientras lo haces, sientes una paz profunda que te embarga y estás sostenido, hechizado y flotando en un lugar de gozo y admiración eternos.

En este momento, siente esta paz, y mientras lo haces, descubre la comprensión que viene con ello. Siente la presencia y el poder internos, que sabes que también están en el exterior, en la arena, el agua, el aire y el Sol. Siente tu conexión intrínseca con todas las cosas, date cuenta de que eres parte de todas las cosas y reconoce que son parte tuya, así como tú eres parte de ellas. Ahora detente y permítete sentir y percibir.

Después de un rato sientes que el calor del Sol abandona tu cuerpo y al abrir tus ojos ves que se ha ido detrás de otra nube. Parece que ahora el aire está un poco más frío y la brisa es un poco más fuerte. También te das cuenta, al voltear hacia abajo, que la marea ha bajado y el mar ya no llega a tus pies. Subiendo tus piernas te sacudes la arena húmeda y regresas por la playa. Mientras avanzas, sientes ligereza en tu cuerpo, y en tu ser, un sentimiento y un conocimiento que antes no tenías. Esta sensación te anima y sabes que algo ha cambiado dentro de ti y que nunca volverás a ser el mismo.

Ahora regresa por la playa, volviendo a la arena seca, empezando a caminar con cuidado entre las piedras y las rocas, una vez más. El sonido de las olas que rompen se desvanece y delante de ti ves el sendero en la grieta, entre la roca. Cuando llegas al principio del camino, ves que tus zapatos están donde los dejaste. Póntelos ahora y sigue tu camino a través de la roca. El sendero asciende ahora, y de pronto puedes ver la cerca y la puerta con el campo atrás.

Desde que te fuiste no se tocó la puerta y ahora, cuando llegas, la abres y la cruzas. Al cerrar la puerta detrás de ti, estás de regreso en el campo donde iniciaste. Ahora deja que este lugar se desvanezca, sabiendo que puedes regresar cuando lo desees. Regresa trayendo contigo la transformación interior y la sensación de poder interno. Regresa lentamente, arraigándote como siempre, habiendo dejado que el campo se desvanezca.

Se verá que todas estas meditaciones incluyen un aspecto que no hemos encontrado antes en nuestros viajes por el tema. En ciertos momentos, en cada una de las meditaciones anteriores, se puede observar que el poder del Elemento toma el control y hay una pausa en el texto. Aquí sólo se necesita que dejes vagar tu mente a donde lo desee, habiéndola enfocado previamente, sin precisar, en cualquier Elemento que se esté considerando. Lo único que se necesita para esto es una consciencia relajada y un poco de confianza y seguridad en lo que estás haciendo. Por esto, es sorprendente con lo que puede salir la mente, cuando, por ejemplo, simplemente se medita en el tema y la naturaleza del agua y los sentimientos que asocias con ello.

Esta técnica se puede repetir tan seguido como quieras, porque lo que observes en tu meditación depende de tu estado de ánimo en el momento que se realice. Por supuesto, cambia cada vez.

Tal vez vale la pena mencionar aquí que es la misma técnica de una concentración libre, que puede utilizarse para meditar en un trozo de texto, prosa o poesía. Habiendo relajado la mente previamente, se deja que divague a voluntad en el tema, revelando todo tipo de aspectos diversos del significado inherente en el texto que se estudia. El tipo de texto elegido depende en gran parte de cada persona, pero muchos escogen los grandes textos espirituales del mundo, como el *"Tao Te Ching"* o el reciente de Kahlil Gibran, *"El Profeta"*, o algo parecido. Por supuesto, esto es a tu elección, pero nos lleva amablemente a nuestro siguiente Capítulo.

Capítulo 8

Desarrollo Espiritual

Los lectores astutos podrán recordar lo que dije al principio de este libro, que es una meditación práctica realista, que tiene muy poco que ver con los métodos disponibles para "la iluminación instantánea" o, de hecho, ¡las que se tardan más para hacerte flotar! ¿Entonces por qué estás ahora leyendo un capítulo titulado "Desarrollo Espiritual"?

Mi argumento para esto es muy simple. Por mi experiencia de muchos años meditando y enseñando esta práctica, los que se sienten atraídos a hacerlo muchas veces tienen un interés subyacente, o la consciencia, creencia o conocimiento de algún método espiritual. En esta etapa, debo recalcar que la forma que elijas para demostrar o aplicar las creencias espirituales particulares que puedas tener es totalmente tu propia elección (¡o debe ser!) y que las meditaciones dadas en este libro no interferirán o se impondrán sobre estas de ninguna manera. Como la experiencia me ha demostrado, que los que egresan con una práctica regular de meditación en su vida, están propensos a una consciencia espiritual elevada, como es justo, si otros lectores pueden disculparme por ofrecerles algo con lo que pueden desarrollar esta parte de ellos mismos recién descubierta.

Por supuesto, es posible que no sea más que curiosidad psicológica la que impulsa al buscador a recurrir a los temas espirituales, provocada por la asociación con este campo que tiene la meditación. Esto no se puede argumentar en contra y lo único que diré en este contexto es que si este es el caso, en mi experiencia esto implica una profunda necesidad dentro de la persona, sea aguda o no, que de algún modo podría resolver la meditación. Aquí, el punto sobresaliente es que la meditación puede no darle a la persona todas las respuestas, pero puede mostrarle a la persona el camino adecuado para su respuesta correcta y lo hará, si se le da el tiempo.

En este breve Capítulo se incluyen dos meditaciones, *El Santuario* y *Encuentro con tu Guía.* He descubierto que la siguiente meditación, El Santuario, aunque aquí está clasificada como desarrollo espiritual, es sumamente efectivo y valioso el realizarla como una meditación terapéutica regular. Tiene mucho en común con las prácticas usadas en hipnosis (la diferencia principal entre estas dos es que en la meditación tu sigues teniendo el control) y como tal doy mi más amplia recomendación para que la aprendas y la uses, porque siento que puede llegar a ser una de las técnicas de meditación más valiosas que puedes realizar. Luego, *Encuentro con tu Guía* utiliza El Santuario que has creado para encontrar a tu propio guía.

La meditación se usa en muchas religiones o prácticas espirituales y de muchas maneras diferentes. Su definición difiere enormemente por todo el mundo e igualmente su uso varía en los libros escritos sobre el tema. Aquí nos apegamos al mismo uso de meditación que hemos utilizado en todo el libro — el enfoque práctico que más bien integra y no separa lo espiritual de lo material.

El Santuario

La meditación del Santuario, básicamente, es un viaje guiado a un lugar que te ayudará, si es necesario toda tu vida, como tu lugar único propio. Es tuyo y lo puedes visitar cuando quieras, con cualquier propósito que desees. Se puede usar como escape, simplemente como un lugar de descanso y relajación, para la contemplación y la reflexión personal, y sólo como una manera simple y conocida de alejarte del mundo por un momento.

Esta práctica de "evasión meditativa" es magnífica mientras no dejes que se vuelva una evasión de la realidad, y en cambio pretendas sustituir la realidad y la vida material que tienes con una imaginaria.

El Santuario también puede ser un lugar de visita, como una puerta hacia un nivel de meditación más profundo o más elevado. Esto se hace siguiendo la jornada guiada a tu Santuario y, por ejemplo, llevando a cabo desde ahí una técnica como la de Burbuja Rosa, que además se realizará en el nivel más profundo que permite tu Santuario. Por este motivo y en este método, usamos el Santuario con el propósito elevado del desarrollo espiritual en meditación para encontrarte con tu guía.

El Santuario es un lugar que con el tiempo llega a tener vida dentro de tu psique. Como tal, proporciona un lugar interno sólido y real donde puedes observar tu ser y tu vida objetivamente. Como en meditación se te indica que formes y visualices el lugar imaginario que pueda ser perfecto para ti, se deduce que aquí no es necesario tener otro interés, excepto lo que escojas para concentrarte. Por lo tanto, el Santuario es sólo eso, un refugio seguro contra tus problemas, preocupaciones y penas. Aquí puedes separarte de ellos y decidir qué quieres realmente o necesitas hacer.

Cuando un maestro dirige en voz alta la meditación, te lleva hasta la puerta de tu Santuario. En cuanto estés adentro, estás tú solo, porque es tu lugar y no se debe dar ninguna sugerencia con respecto a su contenido. La esencia del Santuario es en parte original e individual, por consiguiente, no se debe interferir en esto de ninguna manera. Sin embargo, aquí se dan algunas ideas como consejos, que probablemente quieras trabajar y desarrollar. Sin embargo, es vital que tú elijas lo que quieres ser en tu Santuario, y nada más.

El Santuario puede existir, básicamente, en cualquier parte y como quieras. En el nivel profundo o elevado que ahora estamos manejando en meditación, no aplica la lógica. Por consiguiente, ¡si deseas, puedes tener árboles con troncos morados o ladrillos con motas amarillas! Lo único que es necesario, es que te apegues al lugar que sea más perfecto para ti, ya que necesitas esta identificación para crear tu Santuario en tu mente, y que se convierta en eso.

El Santuario puede ser una habitación, varias habitaciones, toda una casa o hasta una tienda de campaña. Puede estar en el interior o en el exterior, un poco de ambos o tener un camino para llegar de uno a otro. Puede tener como base un lugar que conozcas o que hayas visitado o, de hecho, que desees visitar. Puede parecerse a ese lugar, pero el resto es imaginario.

El Santuario es análogo a tu mente y tiene muchos niveles e imágenes que te pueden llegar. En este sentido, es un reflejo de tu ser y tu estado mentales, y al decir esto, es vital que te des cuenta que eres tú y sólo tu quién lo controla. Como tal, eres tú y sólo tú el que puede crear y destruir tu Santuario y cualquier parte de este.

En cuanto hayas creado tu Santuario en tu mente, tienes toda la libertad de cambiarlo. Puede ser por completo, simplemente un diminuto detalle o cualquier cosa entre esto. Se recomienda que no sigas cambiando todo muy seguido o carecerá de estabilidad y no podrás acostumbrarte a su energía y a su ambiente, y por ello, llegar a los niveles más profundos o elevados posibles. Si sientes que necesitas cambiar por completo tu Santuario, es mejor hacerlo al principio de su desarrollo y dejar que se forme el que sea correcto, en tu mente. Por supuesto, tu Santuario puede ser un lugar que esté sujeto al cambio de una manera natural, si está en el exterior y te gusta cambiar de estación. Por supuesto, también puede estar en el exterior pero seguir con hojas, caída de las hojas, retoños o lo que sea, todo el año, año tras año. En verdad es un lugar fuera del tiempo y no está sometido a las leyes de la naturaleza, a menos que así lo desees.

Otro aspecto al crear tu Santuario es tratar de no escoger demasiadas cosas, basado en lo que tu corazón o tu cabeza te estén diciendo. Mejor intenta que se forme solo, ya que los niveles más profundos de tu ser conocen mejor que tu mente lógica o tu inestable corazón, lo que más te gusta y es más importante, lo que más necesites. Confía en que tu intuición y tu mente te presenten un lugar o parte de un lugar y después construye ahí. Una manera en que puedes hacer esto, es siguiendo la meditación sin una consideración o pensamiento previo, cruza la puerta y sólo observa lo que hay ahí y adáptalo como corresponde. Esto puede necesitar un poco de confianza o de seguridad en tus habilidades meditativas, pero quizás es la manera más pura y verdadera para llegar al Santuario.

También es lo mismo con el contenido de tu Santuario, que de nuevo puede ser, ni más ni menos, que lo que tú quieras. Los detalles más minuciosos pueden cambiar la sensación de tu Santuario y por eso es importante tener ahí sólo lo que quieras. Sin embargo, no debe convertirse en un lugar que esté lleno de artículos materiales, que anheles pero que por ahora no puedes tener. ¡Deja que las películas te cumplan esos deseos!

Puede ser prudente no divulgarle a mucha gente el contenido detallado de tu Santuario. Es perfectamente aceptable una discusión o comparación con un amigo cercano de confianza, pero no es bueno describir los detalles íntimos de tu lugar. Porque puede destruir el sentimiento que asocias con este, o debe haber, por ser un lugar que es tuyo y sólo tuyo. Nunca tienes que invitar o imaginar a otro ser vivo ahí si no lo deseas, que en realidad es lo que estás haciendo al describírselo a todos los que te encuentres.

Si recordamos el principio de la "energía le sigue al pensamiento" una vez más podemos darnos cuenta que tu Santuario realmente existe, en ese reino de la energía creado por el pensamiento enfocado. Por lo tanto, entre más visites y visualices tu Santuario, se vuelve más real. Este es un lugar creado por ti, que existe en alguna dimensión diferente a la que percibimos. Entonces, si sigues agotando la energía relacionada y que es parte de tu Santuario físico/imaginario describiéndolo a otros, disipas la forma de energía o la unión de energía que te ha costado tanto trabajo crear en tus meditaciones. No es importante cómo sucede esto, lo que debes recordar es que lo hace. Es como si a otros les dijeras las respuestas de los exámenes cuando tú has sido el único de la clase que se ha molestado en aprendérselas. No es necesario que tu Santuario se convierta en tu mente, en un castillo protegido, pero debe seguir siendo sólo tuyo, puro y sin mancha del mundo exterior, para que realice su trabajo con éxito.

Una idea que puedes tomar en cuenta es representando de alguna manera tu Santuario. Puede ser dibujándolo, haciendo un collage o simplemente encontrando un lugar que se parezca y fotografiándolo. Podrías colocar esto en tu área de meditación para que te recuerde, no sólo como se ve tu Santuario, ¡sino hacer uso de este!

Si tu Santuario es completamente ficticio, algún día puedes tener la agradable sorpresa de encontrar que, después de todo, existe en alguna parte del mundo. Es posible que no sea exactamente como lo imaginaste en tus meditaciones, pero en tu interior sabrás que este es el lugar. Si es así, hónralo de alguna manera recogiendo cualquier basura ahí, alimentando las plantas, limpiando o arreglando de cualquier otro modo, etc.

En la meditación, sigue el mismo procedimiento de arraigarte y conectarte, como siempre, y luego prepárate mentalmente para iniciar el viaje. Para hacer esto, fija tu atención en el área del centro de tu entrecejo, donde se localiza el centro de energía del Tercer Ojo. Imagina que estás observando la realidad desde el interior de tu cabeza. Dedica un poco de tiempo para hacerlo, ya que esto ajustará tu percepción al nivel correcto y óptimo para encontrar el mejor Santuario para ti.

Cuando estés listo, observa, y ve que estás parado frente a un árbol alto. Es mucho más alto que tú y tiene todo su follaje. Voltea hacia arriba, a las ramas más altas del árbol, viendo que se mecen ligeramente con la brisa que sientes soplando en tu cara. Esta es una brisa refrescante que te alegra, porque más allá del árbol puedes ver al Sol asomándose detrás de las hojas, en un cielo azul profundo, despejado. Las hojas y la luz del sol que se asoma te deslumbran y por un momento te quedas hechizado por ellas observándolas.

Ahora concéntrate y vuelve a contemplar el árbol. Lentamente, recorre la imagen del árbol desde la base hasta la copa. Observa los colores y los diseños de las hojas, y ve cómo sus tallos se unen a las ramas y estos a su vez se unen a otras ramas. Mientras observas, tus ojos se dirigen hacia abajo y están observando el tronco del árbol frente a ti. Observa los diseños del tronco y si lo deseas, extiende tu mano y siente su textura. Sigue viendo hacia abajo y ve las raíces que desaparecen dentro de la Tierra cerca de tus pies, debajo del pasto donde estás parado.

Cuando ves ahora alrededor, descubres que estás parado en un camino recto que se presenta claramente frente a ti. Al otro lado del árbol hay un seto, que resplandece con color y vida. Aquí hay muchas bayas y flores que crecen debajo del seto. Su aroma flota hacia ti y puedes decidir probar una de las bayas. Más allá del seto puedes ver un paisaje de colinas ondulantes, con un mosaico de los campos. Los rectángulos de tierra que ves son de diferentes colores por las cosechas que crecen en ellos y se mecen de un lado a otro por el viento que sopla en las colinas. Algunos campos están bordeados por otra fila de setos y por doquier hay pequeños racimos de árboles, con pájaros volando encima, en círculo, en busca de alimento. De vez en cuando puedes escuchar el canto de un pájaro y también la respuesta del eco al otro lado del paisaje. Ahora diriges tu mirada al otro lado del camino de donde estás y verás que está bordeado por otro seto. Sin embargo, este último es demasiado alto para que puedas ver sobre él y la maleza es tan espesa que no puedes ver claramente lo que hay del otro lado.

Ahora inicias tu caminata por el sendero, escuchando tus pisadas a tu paso. Toma tu tiempo en esto y disfruta estar aquí. Puedes tener una sensación de impaciencia, pero no te apresures, porque estás en un lugar fuera del alcance del tiempo como lo conocemos ahora. Date tiempo para detenerte y oler las flores e inhalar y probar el aire de aquí, porque es limpio y saludable.

Mientras avanzas, todavía puedes ver las colinas ondulantes a un lado, pero de pronto, en el otro lado, se termina el seto. En su lugar hay un muro, de nuevo es demasiado alto para que inspecciones lo que hay del otro lado, pero una parte de ti sabe que es tu Santuario. Es importante percibir aquí que tu Santuario no debe tener en su interior un muro de ladrillo. Sigue por el sendero, observando de una manera relajada lo que veas, y de pronto llegas a una puerta en el muro.

Tú sabes que ésta es la entrada de tu Santuario. Puede ser cualquier tipo de puerta, que en este momento está cerrada. Del otro lado se encuentra tu Santuario, pero ahora debes encontrar la llave. Esto lo haces buscándola, simplemente. Voltea a tu alrededor y la encontrarás.

Puede estar en el suelo junto a ti, en el alféizar del muro, colgada cerca de la puerta, en la rama de un árbol cercano o ya estar en tu bolsa. Si no puedes encontrar la llave esta vez, entonces regresa por el sendero al árbol donde iniciaste y después sal de tu meditación. Esto indica que hay algo en tu interior bloqueando el que puedas encontrar el descanso de tu Santuario. Medita que puede ser esto e inténtalo después otra vez.

Cuando hayas encontrado tu llave, métela en la cerradura y dale vuelta para abrir la puerta. Escucha cómo se desliza suavemente la cerradura y cuando estés listo, cruza la puerta. Antes de observar, date la vuelta y, detrás de ti, cierra la puerta tranquilamente. Ahora date tiempo, mientras sientas que lo necesites y estés cómodo, para explorar tu Santuario. Camina alrededor y atraviesa tu Santuario, viendo qué puedes encontrar y habituándote con él. Puede ser que en tu primer visita no necesites hacer nada en tu Santuario, pero en las subsecuentes puedes hacer cambios, encontrar un lugar para sentarte a descansar y para la contemplación, etc. La primera vez es suficiente observar lo que puedas ver, dedicar tiempo para pasearte y crear tu Santuario para que sea el lugar más perfecto para ti, que puedas imaginar. Recuerda que no tienes la limitación del dinero o de la lógica y, de hecho, sólo es tu imaginación.

Cuando hayas paseado suficiente y te sientas listo, encuentra tu camino de regreso a la puerta por donde entraste. Echa un último vistazo alrededor a tu Santuario, para que cuando regreses, recuerdes cómo se ve, y cuando te sientas listo, abre la puerta y vuelve a salir. Date la vuelta, cierra la puerta y ponle llave. Escucha cómo se regresa y después coloca la llave donde quieras. Puede ser donde la encontraste o en otro lugar. Entérate que sólo tu sabes dónde se guarda y que tu Santuario permanecerá igual hasta que regreses. Puedes volver cuando lo desees, pero por ahora es tiempo de partir. Trae contigo el conocimiento de tu Santuario y cualquier experiencia que hayas podido tener y regresa por el sendero, descansado y renovado.

Regresas por delante del muro de los setos y de pronto encuentras que has regresado al árbol donde iniciaste. Ahora siéntate en la base del árbol. Recárgate contra su tronco y deja que el árbol sostenga tu peso. Mientras lo haces, descubre que el árbol se ajusta perfectamente con tu forma y te relajas profundamente, cierra tus ojos y deja que este lugar se desvanezca.

Ahora inicia tu regreso como siempre, dejando que el otro mundo se desvanezca, y en cambio, dándote cuenta de tu mundo cotidiano y el lugar donde estás. Concéntrate en tu cuerpo y en tu respiración, y regresa lenta y plenamente. Arráigate por completo, ya que es asombroso a las profundidades que puedes llegar, aún en el primer viaje. También es bueno hacer a tu regreso unas breves anotaciones, para mantener un registro de la evolución y los cambios de tu Santuario en meditaciones futuras, como lo es para todo lo que realices.

La técnica del Santuario es la siguiente:

Arraiga y conecta

Concéntrate en el tercer ojo

Viaja por el sendero hasta la puerta en el muro

Visita el Santuario

Regresa por el mismo sendero hasta el árbol

Descansa en el árbol y regresa

Arraiga

Encuentro con tu Guía

Esta técnica de meditación va después, y se crea en el Santuario que has designado. Antes de avanzar a esta meditación, se recomienda ampliamente que establezcas un Santuario favorable y claro que puedas visitar, sin esforzarte demasiado en la meditación y que sea ideal para ti. Esto es necesario para poder aspirar a otro nivel de meditación, que se requiere para encontrar a tu guía.

El objetivo de esta técnica es provocar algún tipo de encuentro con tu guía. Actualmente hay mucho debate e interés en los guías, ángeles y cosas semejantes, así que se incluye esta meditación en respuesta a ese interés. NO se pretende definir qué o quiénes son los guías, de dónde vienen, qué hacen y cómo lo hacen, ya que este tema requiere mucho más que el pequeño Capítulo que dediqué. Es un hecho que la humanidad ha creado representaciones de los guías y de los ángeles durante miles de años, así que de algún modo, estas imágenes deben haberse originado en alguna parte. Basta con aceptar que ellos pueden existir para que pueda darse un encuentro.

Al curioso le puede ayudar intentar detallar levemente a un guía espiritual. Propiamente dicho, recomendaré una persona, normalmente alguien que haya vivido previamente en la Tierra, pero que ahora tenga un desarrollo avanzado para tomar el papel de entidad no física, en parte con el propósito de ayudar o guiar a los de la Tierra en su vida. Esto naturalmente trae muchas preguntas y, sin duda, desacuerdos, los cuales yo fomento, con la esperanza de que lo intentes en meditación, por lo menos unas cuantas veces y dejes que esto dé las respuestas que busca tu mente investigadora. Otra vez, regreso al simple y único argumento que incluyo en esta meditación: que la historia ha mostrado que hay algún tipo de seres existiendo más allá de nuestra percepción cotidiana, capaces de ayudarnos y guiarnos. Esta meditación te da la posibilidad de aprovechar esta oportunidad y la experiencia de meditación más hermosa.

Hay una pregunta que intentaré responder y que he descubierto en la mente de muchas personas, por qué tantos de estos supuestos guías son monjes Tibetanos, Nativos Americanos y figuras con túnicas resplandecientes. En realidad esto es bastante lógico, ya que las personas en cuestión muchas veces han vivido en culturas que son o fueron ante todo espirituales, así que no es extraño encontrar que evolucionan de esta manera. Se dice que los guías no tienen que ser de este tipo. Pueden ser el niño más pequeño, desaliñado, pordiosero, vestido pobremente, etc.

Hasta puedes encontrar un animal (un gran honor) porque significa que el animal que se te aparece, se está ofreciendo como ayudante y, frecuentemente, como protector.

Aunque esto pueda parecer mucha basura, te recomiendo que lo aceptes y simplemente te brinques al siguiente capítulo. Sin embargo, si de cualquier manera tienes curiosidad o no estás convencido, por favor intenta la siguiente meditación varias veces y deja que esto te "guíe" de algún modo.

Muchas veces es necesario repetir varias veces la técnica antes de que se establezca un encuentro y una comunicación claras. Al empezar, puedes recibir sólo visiones o imágenes borrosas o incompletas. Por favor, persiste con esto porque necesita efectuarse algún ajuste, en ambos lados, para que las energías de ambas partes alcancen un nivel donde vibren igualmente y trabajen en la misma longitud de onda. Muchas veces se describe el proceso, precisamente, como si sintonizaras una estación de radio. Primero se enfoca esto en el área general, estableciendo algún tipo de sonido o comunicación y después se ajusta la sintonización, para que se aclaren las palabras y las imágenes.

Para iniciar la técnica, arraiga y conecta como siempre y después vuelve a concentrarte en el centro de energía del tercer ojo, para alinear tu consciencia con el flujo de energía óptimo y permitir la percepción superior necesaria. Dedica un poco de tiempo a esto, asegurándote de que estés en la mejor posición posible para provocar un encuentro con tu guía. Después dirígete, en el mismo viaje, a tu Santuario.

Empieza en el árbol, igual que antes, fijando la escena y estableciéndola en tu mente al bajar tus ojos de la copa del árbol a las raíces. Ve las colinas a tu alrededor, observa los setos y, finalmente, el sendero.

Camina por el sendero, pasa los setos como antes y por el muro. Date tiempo para involucrar todos tus sentidos, ya que inicialmente los guías se pueden comunicar contigo a través de cualquiera de ellos. Es común sentir algo, antes de que se vea cualquier imagen visible, u oler primero un aroma.

Camina por el sendero hasta la puerta de tu Santuario y prepárate un momento para el encuentro con tu guía. Esto no es sólo para eliminar cualquier temor, sino para darte la actitud mental correcta de expectativa y realismo. Cuando estés listo, quita el cerrojo de la puerta de tu Santuario, ábrela y entra, cerrando la puerta detrás de ti.

Ahora camina un poco por tu Santuario, sólo para reafirmar esto en el ojo de tu mente. Busca un lugar cómodo para sentarte y esperar a tu guía.

Cuando sientas que estés listo, avanzando siempre a tu paso, solicita mentalmente que tu guía venga a ti con una imagen clara. Haz esto a tu manera, usando las palabras normales, siendo sencillo, directo, claro y educado.

Observa a la distancia y verás una luz brillante, al principio pequeña, pero a medida que se te acerca, crece. Quédate como estás, observando pacientemente esta luz brillante que viene hacia ti. Mientras esperas, la luz sigue creciendo hasta que está frente a ti. Ve cómo brilla, quizás tiene uno o muchos colores. Deja que la luz flote donde está.

Pronto verás que tu guía se te aparecerá. Pueden salir claramente de la luz o se puede disolver la luz para revelarlos ahí parados. En este punto, es donde dejo a los estudiantes en silencio, cuando los estoy guiando en la meditación, para que se den los encuentros personales. Da tiempo para que se desarrollen los eventos. No intentes dirigir las cosas con tu mente, dejando en cambio que suceda y que ocurra lo que aparentemente quiera. ¡Esto puede ser algo inesperado, ya que nos llega el guía que merecemos y necesitamos, no necesariamente el que queremos!

Toma todo el tiempo necesario en esta etapa de la meditación. Por supuesto, puedes hablar con tu guía, posiblemente escuches en tu cabeza las respuestas, como si oyeras un delicado susurro dentro de tu oído. Puede ser que durante un tiempo sólo los veas, o quizás una parte de ellos. En casi todos los casos hay una sensación distinta que acompaña al guía y te dice que esto es precisamente lo que son. Puede ser que lo único que recibas por ahora sea un leve roce en tu cara o una caricia en tu cabello. Esto puede ser todo lo que sea posible para empezar, pero aumentará y progresará totalmente, cambiando la imagen y la comunicación en visitas subsecuentes.

Cuando hayas pasado todo el tiempo que desees dejando que se dé la comunicación, comprende que es el momento de salir y que tu guía se vaya. Dale las gracias de una manera simple y sincera. Haz esto siempre, aunque pienses que no ha sucedido nada, ya que es de mala educación no hacerlo y los guías no lo toman a bien — dales el reconocimiento que se merecen. Aunque nunca son maliciosos, ellos tienen que "apagarse" por tu bien, por así decirlo, y darles tu agradecimiento es muy poco a cambio.

Puedes volver a ver la luz rodeándolos y ellos partirán del mismo modo en que llegaron. La luz se alejará de ti hasta que sea un punto y después desaparecerá por completo. Puede ser que sientas que tu guía espera a que te marches. En cualquiera de los casos, comprende que en este momento debes irte, pero que puedes regresar cuando lo desees para comunicarte con tu guía, cuando tengas la necesidad.

Regresa a la puerta de tu Santuario y cuando estés listo, ábrela y dirígete al sendero que está afuera. Regresa la llave a su lugar de siempre y camina de vuelta por el sendero hasta tu árbol. Vuelve ahora como siempre, dando tiempo para arráigate y asegurar que regreses lenta y totalmente, trayendo contigo tu experiencia. Deja que el lugar se desvanezca, siente cómo regresas a tu cuerpo y tu entorno. En esta meditación puedes llegar a un nivel de percepción y de consciencia elevados, así que indudablemente es importante arraigarte completamente antes de salir de tu meditación. Cuando lo hayas hecho, abre tus ojos.

La técnica para el Encuentro con Tu Guía es la siguiente:

Arraiga y conecta

Concéntrate en el tercer ojo

Establece la imagen de un árbol

Viaja a tu Santuario

En el Santuario, ve al guía llegando

Comunicación con el guía

Regreso al árbol

Arraiga

Antes de salir de este Capítulo, mencionaré brevemente un antiguo método de meditación que ahora su uso y su aplicación es universal, deriva originalmente de las fuentes Zen. Aquí la técnica de meditación es separarte básicamente de la visión humana restrictiva del cuerpo, la mente y las emociones. En parte, se basa en el adagio que dice, lo que experimentes por completo, desaparece. Es necesario concentrarnos precisamente en las cosas que deseamos eliminar. Esto puede llevar a unos resultados asombrosos en la elevación de consciencia y hasta revelar quién y qué somos. Esto es diferente en cada persona, el esfuerzo y la concentración requeridos para esta técnica avanzada se compensarán — ¡a la larga!

La técnica es concentrarse en lo siguiente, además de mi recomendación de arraigarse y conectarse primero: Concéntrate en el pensamiento de que tú no eres tu cuerpo. Ya que tienes un cuerpo y puedes sentirlo, por consiguiente, tú no eres tu cuerpo. Deja que este conocimiento y esta consciencia se asienten en tu mente, después continúa. Esta vez concéntrate en tus sentimientos. Ya que tienes sentimientos, tanto buenos como malos y puedes sentirlos, estás separado de ellos.

Ahora sigue a tus pensamientos. Ya que tienes pensamientos, que vienen y van de tu consciencia, puedes observarlos mientras lo hacen. Por consiguiente, tú no eres tus pensamientos. Repite estas palabras para ti mismo, dejando que su significado se te aclare y luego sólo ve a dónde te lleva, existiendo en lo que hayas decidido que queda. Puede parecer un poco extraño hacer este ejercicio, pero su efecto puede ser asombroso.

Aunque parezca que esto es muy poco para basar una meditación completa y profunda, lo cual ciertamente es, precisamente lo que la hace tan profunda. Por lo tanto, es mejor considerarla como una meditación avanzada y dejarla hasta que se haya establecido y sea natural en ti un buen grado de concentración meditativa. También es el caso para las siguientes meditaciones.

Capítulo 9

Meditaciones Avanzadas

Hemos hecho un viaje por un paisaje maravilloso que es tu ser y se ha visto, aprendido y tratado con muchas cosas. Espero que en esta etapa del libro ya hayas establecido una práctica regular de meditación como parte de tu vida. No como un interés de más o algo que sea adicional a tu actividad cotidiana, sino como una parte integral de su estructura y formato. El objetivo aquí es que la meditación forme parte de ti, para que no separes un tiempo para su práctica, sino que la incluyas en tu estilo de vida. Lo ideal es que la meditación llegue a ser parte de ti y tú parte de tu meditación, una complementando a la otra.

Por lo tanto, es importante que tus meditaciones se mantengan animadas y no permitas que caigan en un hábito apagado e insulso que se convierta en un procedimiento automático de cada día. Tal vez la meta ideal, pero factible, es que tengas una práctica diaria de meditación, para mantenerte en un contacto cercano con las energías ocultas que te afectan y concretan tu vida, dándote un grado mayor de conocimiento y también un control sobre ellas. De este modo, la meditación puede contribuir enormemente para formar tu misma estructura y la de tu vida. También se recomienda que descanses un día a la semana, en este nivel, para que esas energías se recarguen y le des a tu ser los niveles profundos y superiores, ya que ahora estarás contactando regularmente a través de tu meditación, una oportunidad para descansar de esta nueva actividad emprendida. Siempre necesitas ser amable contigo mismo, tratándote con tanto cuidado y atención como a un bebé recién nacido.

Para dejar que se dé la mayor evolución posible en tu desarrollo meditativo y animarte a que continúes, ahora incluyo una serie de técnicas más avanzadas, como jornadas de visualización guiadas. Estas meditaciones también garantizarán que haya una variedad saludable en tu dieta de meditación, manteniendo a raya el descuido de la repetición. También pueden hacerse en intervalos regulares, ya que proporcionan una estructura excelente para el conocimiento y el análisis objetivo en la forma que se está desarrollando tu vida. Estas meditaciones están estructuradas de tal modo que se sentirán, verán, escucharán y experimentarán diferentes cosas cada vez que se realicen.

El conocimiento objetivo que se mencionó antes, también se requiere y es necesario en la interpretación de tus experiencias. La mejor persona para hacer esto eres tú, porque sólo tú sabes realmente cómo te sientes en cuanto a los símbolos que ves. Es importante considerar el contenido de tus meditaciones como una representación simbólica y no como imágenes literales de diferentes aspectos de tu ser. Aunque es útil que discutas tus imágenes con un maestro o un amigo cercano, ellos sólo deben tomar en cuenta lo que dices, no decirte lo que significa. Nadie te conoce como te conoces a ti mismo, así que sé honesto, amable y sincero. Si lo permites, tu mente aprovechará la oportunidad que le estás dando de enseñarte lo que sabe con esta serie de meditaciones.

Cada una de las meditaciones a continuación, es un viaje guiado, formando parte de una serie completa. Por lo tanto, se recomienda que dediques un tiempo apropiado para ti, por largo que parezca, y consideres el número correcto de repeticiones de cada uno, para trabajar por todo tu ser de esta manera. Cada meditación te lleva a un lugar que en conjunto es una reflexión de tu ser total, en todos sus niveles diferentes.

Esto consiste en una casa grande o de campo, donde a casi todos nosotros nos gustaría vivir, si pudiéramos hacerlo. El tipo y el estilo de la construcción depende totalmente de ti y puede ser predeterminado o espontáneo, como decidas solicitarlo. Si decides imaginar la casa, permite que surjan imágenes inesperadas y diferentes a las que esperas cuando hagas cada meditación, ya que debes dar tiempo y espacio para que los niveles internos y superiores de ti mismo se comuniquen contigo, porque esta es la intención aquí. Debes ser sincero y honesto contigo mismo. Cada viaje te lleva a una habitación diferente de tu casa, donde puedes sacar información del aspecto específico de tu ser que la habitación representa. Cada habitación se explica en el texto de cada meditación, dándose al final una sola técnica abreviada para todas estas meditaciones.

Las meditaciones son más avanzadas porque requieren un mayor grado de consciencia de tu parte, ya que la misma imagen a donde se te dirige que veas se describe vagamente, permitiendo que tu propia mente profunda "llene los espacios en blanco" por ti. Debe ser el caso, especialmente, cuando entres a la misma habitación que sea el enfoque de cada meditación. Aquí no se da ninguna referencia, dejando que tú des todos los detalles. Al dejar que surjan imágenes espontáneas, te puede llegar un gran conocimiento terapéutico de una manera simbólica, que le puede trasmitir mucha luz a ese aspecto de tu ser.

El Reflejo Perfecto

Esta meditación es un medio seguro y eficaz para descubrir y sentir tu ser verdadero, y averiguar quién eres en realidad en tu estado ideal. Esto puede ser cómo desearías ser o cómo eres realmente en el sentido espiritual. Tú decides cuál de estas dos imágenes quieres ver antes de iniciar la meditación.

Empieza por arraigarte, conectarte y experimentar la sensación de equilibrio y seguridad que se encuentra en el corazón mismo de tu ser. Percíbelo por completo, ya que esto es lo que te da la habilidad de ser objetivo y sentirte seguro con la experiencia en la siguiente meditación.

Inicias entonces un viaje, visualizando como siempre, imaginando que estás viendo de dentro hacia afuera por un Tercer Ojo en el centro de tu entrecejo. Este Tercer Ojo puede ver con más claridad y precisión que tus ojos físicos. Mientras observas, verás que estás parado afuera de una casa grande y majestuosa. Estás parado en un camino de grava con setos hábilmente cortados, que lleva a un jardín que se extiende detrás de ti, donde sólo puedes ver algunas puertas que están en la entrada de este lugar. Las puertas están cerradas, igual que las puertas principales de esta hermosa casa.

Dedica un tiempo para contemplar tu casa desde el exterior, observando su forma, color y aspecto. Deja que se forme sin apresurarte. Parece como si se hubiera conservado por muchos, muchos años y está en perfectas condiciones. Pero puede estar desvencijada y arruinada. Sea lo que sea, haz una pausa para reflexionar en lo que estás viendo y darte cuenta lo que puede mostrarte sobre ti mismo en este momento.

Cerca, puedes escuchar el sonido de unos cuervos en los árboles aledaños. En un rincón del camino hay un automóvil grande y lujoso. Camina hacia él. Cuando estés bastante cerca observa la placa del coche. Verás que está formada por las iniciales de tu nombre, en ese momento te das cuenta que el coche y la casa que está junto, te pertenecen y, de hecho, eres tú mismo.

Comprendiendo esto, consigue llegar a la puerta principal de la propiedad y entra. Las puertas se abren fácil y suavemente. Una vez adentro se te presenta la escena de la casa más hermosa e ideal para ti. Te encuentras en el vestíbulo de entrada y frente a ti puedes ver una escalera que lleva hacia arriba, y puertas de muchas habitaciones a tu alrededor. Mientras observas la escena hacia todos lados, aclimatándote al lugar, parece que una puerta te parece más familiar que las demás. Puede ser porque está pintada de un color diferente, de madera distinta o por cualquier motivo. Ahora dirígete a esa puerta, que está cerrada.

Todo el lugar de alguna manera te parece muy familiar y sientes como si lo conocieras muy bien. Cuando llegas a la puerta, descubres que puedes abrirla con facilidad. Entra y cierra la puerta detrás de ti. Dentro de la habitación no hay muebles y las cortinas están cerradas. Sin embargo, entra suficiente luz a través de estas para que veas. Lo único que hay en la habitación es un gran espejo, más grande que tú. Está en el centro de la habitación, frente a ti. Tiene su propia base y su superficie está perfectamente clara y limpia. Acércate al espejo y verás que su marco es de una madera muy antigua y con adornos tallados, cuidadosamente pulida. Ahora observa en el espejo y verás que refleja la imagen perfecta de ti mismo, que has elegido ver. Aquí te verás como eres realmente, al alcanzar y lograr las posibilidades más elevadas de tu potencial, en esta vida o en todas tus vidas. Ahora dedica un momento para ver y conversar con tu reflejo perfecto. Descubrirás que el reflejo puede responder todas tus preguntas. Toma todo el tiempo que necesites para esto.

Cuando hayas terminado asegúrate de agradecerle a tu reflejo lo que te ha dicho y ha compartido contigo. Date la vuelta y luego aléjate del espejo, regresa por el mismo camino a la puerta de esta habitación. Abrela y sal al vestíbulo de este gran lugar. Quizás te estés preguntando que hay detrás de las otras puertas que ves, pero estas son para otra ocasión. Ahora debes salir, así que camina hacia la puerta principal y sal de ahí, cerrando la puerta detrás de ti. Sales al aire fresco del lugar donde puedes analizar lo que has visto y aprendido.

Regresa al lugar donde iniciaste el viaje hacia tu casa, escuchando una vez más tus pasos que crujen en la grava. Mientras lo haces, hay un sonido cercano, y cuando lo buscas, ves a un viejo jardinero que toca su gorra cuando te acercas. Puede ser que no sepas quién es esta persona, o puedes sentir que lo reconoces y te es familiar. Sin embargo, parece que te conoce y te habla dándote algún mensaje que pueda significar algo para ti.

Dale las gracias al jardinero por sus palabras y después sigue tu camino. Regresa a donde empezaste. En este punto deja que el lugar se desvanezca y vuelve lenta, suave y totalmente a tu nivel de consciencia cotidiano. Regresa tu atención al centro de tu ser y después a tu respiración. Profundiza el nivel de tu respiración y regrésala a su nivel cotidiano. Arráigate y cuando estés listo, abre tus ojos.

El Atico

Esta meditación es la consecuencia lógica del Reflejo Perfecto, visitando otra vez la casa que actúa como la estructura de tu propio ser. Esta vez subimos hasta la parte más alta de la casa, a un ático pequeño y oculto que sólo tu sabes que existe y contiene algo del aspecto más elevado de tu existencia. Este es el estado y la condición de tu ser espiritual, en el momento de la meditación. Hasta puedes encontrar a un guía o a un ayudante ahí.

Inicia la meditación arraigándote y conectándote. Imagina que estás viendo de adentro hacia afuera, usando tu ojo interior o Tercer Ojo, que puede ver con más claridad que tus ojos físicos. Empieza viendo que estás otra vez parado en el camino de grava, frente a la casa que ya sabes que te pertenece. Observa los jardines que se extienden desde la casa, con sus setos recortados, sus arbustos y sus matorrales de ornato. A lo lejos puedes ver un huerto de manzanos, y hasta percibir un ligero aroma del jardín y escuchar el zumbido de las abejas en las colmenas cercanas. Camina al coche, que está en el camino, viendo nuevamente el número de las placas.

Observa de nuevo la casa y empieza a dirigirte hacia ahí, escuchando cómo crujen tus pies en la grava. Cuando ves la puerta, que crece a medida que te acercas, percibe cómo te sientes al volver a estar en este lugar, quizás notando una sensación de impaciencia, tal vez con un leve toque de aprensión. Mientras tanto, sigue caminando a la puerta de tu casa.

Empuja la puerta para abrirla y entra donde está fresco. Puedes ver otra vez todas las habitaciones que se comunican con el amplio vestíbulo en el que estás y ves la amplia escalera frente a ti. Empiezas a subirla, estás solo en la casa pero perfectamente cómodo. De pronto llegas a un descanso, con un corredor largo y otras puertas en ambos lados, todas cerradas. Das la vuelta y ves el siguiente tramo de escaleras frente a ti y empiezas a subirlas, tal vez sosteniéndote del barandal de caoba para tener más apoyo. Tus pasos hacen eco mientras subes y de pronto estás en el primer piso de la casa. Aquí hay alfombras en los pisos y un silencio te recibe. Avanzas por el corredor, viendo más puertas, que en este momento están cerradas para ti.

Un poco más adelante de este corredor puedes ver una escalera más pequeña, que sube a un lugar oscuro que no puedes distinguir desde tu posición. En este momento surge tu curiosidad, subes por estos escalones de piedra, caminando con cuidado mientras tus ojos se acostumbran a la luz tenue. Aquí la escalera es bastante empinada y conforme subes se va angostando. Ahora el techo está más bajo y tienes que agacharte para continuar. Justo cuando piensas que no podrás seguir adelante, se terminan los escalones y hay una puerta pequeña arqueada de madera frente a ti, que está cerrada. Sin embargo, puedes ver una llave antigua en la cerradura de hierro y puedes darle la vuelta, finalmente la cerradura se abre con un último esfuerzo de tu parte por darle vuelta. Abres la puerta y rechina y roza contra el suelo.

Entra y explora lo que hay en esta habitación, que representa los aspectos más elevados de tu ser y tu máximo potencial. Dedica tiempo para observar y explorar. Observa la vista exterior así como lo que hay adentro, todo el tiempo que desees. Puedes querer ver objetos, los muebles o quizás encontrar a alguien mientras estás ahí. Cuando exploras percibe cómo te sientes mientras estás en esta habitación oculta, que sabes que nunca la ha visto nadie y se ha conservado hasta este momento para tu visita.

Llega pronto el tiempo de que regreses de este lugar encantador e interesante. Pero ahora lo has descubierto, puedes regresar cuando quieras para aprender y descubrir más cosas. Regresa a la puerta y sal a la parte superior de la escalera.

Cierra la puerta y dale vuelta a la llave, que rechina al cerrar la puerta. Baja con cuidado las escaleras, estirándote a medida que puedes hacerlo y viendo las luces más brillantes del piso superior de la casa mientras desciendes.

Regresa por el corredor y luego baja el tramo amplio de las escaleras, al vestíbulo. Vuelve a la puerta de la casa y sal al aire fresco. Ahora la luz se ha desvanecido y está empezando la tarde.

Es posible que quieras pararte a reflexionar un poco, quizás hasta ver la pequeña ventana escondida en la parte superior de la casa que sabes que es tu ático.

Cuando te paras a observar, hay un leve sonido de unos pasos que se acercan a ti por la grava y vuelves a escuchar la voz del jardinero saludándote.

Cuando volteas a verlo él vuelve a tocar su gorra y sólo puede decir unas palabras entre dientes, que pueden significar algo para ti en esta meditación.

Agradécele sus palabras, las comprendas o no y regresa a tu punto de partida. Cuando estés listo inicia tu regreso como siempre, trayendo contigo lo que has aprendido, asegurándote que te arraigues completamente.

La Cocina

Esta meditación sigue con el viaje por la casa que creamos antes y sirve para representar el funcionamiento de ti mismo, en muchos niveles y aspectos diferentes. Esta vez viajamos a la cocina de la casa, que representa tu aspecto mental, planificador y lógico.

Empieza esta meditación relajándote y entrando en ti mismo para sentir el lugar de equilibrio y paz en el centro de tu ser. Siente que estás arraigado abajo y conectado arriba y déjate guiar por este viaje. Cuando de tu interior observes hacia afuera, verás que estás parado en un camino de grava, bordeado igual que antes por los setos recortados de un jardín impecable.

Voltea a tu alrededor y ve tu propia casa majestuosa frente a ti, alta e imponente, perfectamente conservada en todos aspectos, pero con un aire de tiempo y misterio a su alrededor. Estacionado a un lado del camino está tu coche, grande y lujoso, con tu nombre en el número de las placas. Dirígete a las grandes puertas principales de la casa, escuchando tus pasos crujiendo en la grava mientras lo haces.

Cuando llegas a las puertas ves frente a ti, con claridad, todos sus detalles y cuando sientes que estás listo, las abres. Una vez adentro puedes ver con claridad el gran vestíbulo de entrada, con mesas antiguas decoradas con estatuas y objetos, conociendo algunos.

Frente a ti está la amplia escalera suntuosa, pero esta vez no subes por ella. En cambio sigues la gruesa alfombra del vestíbulo junto a las escaleras, dirigiéndose a la parte posterior de la casa. Pasas por muchas puertas que están a tu izquierda y tu derecha, quizás haciendo una anotación mental para explorar una o dos que pueda parecer que sobresalen mientras pasas.

Llegas rápidamente a una puerta al final del corredor. De aquí surgen muchos olores y fragancias que te reciben, y atraído por estos, abres la puerta. Entras a tu cocina. En esta cocina están sucediendo muchas cosas, aunque de momento no hay nadie aquí. Hay muchos artículos que están colocados como si se hubieran usado y se acabaran de dejar. Quizás son cosas que se están cocinando o preparando. Toma un tiempo para ver en tu propia cocina, viendo qué puedes encontrar. Explora los armarios y los cajones, ve qué se está preparando y recuerda percibir cómo te sientes con respecto a este lugar. Toma todo el tiempo que necesites ahora.

Cuando hayas examinado esta habitación a tu entera satisfacción, regresa a la puerta y sal al corredor. Mientras regresas lentamente por el corredor, en lo profundo de tus pensamientos te das cuenta de que la cocina es un lugar que representa tus pensamientos y lo que en este momento está influyendo en tu mente. Toma tu tiempo para regresar al vestíbulo, para que puedas aprender de lo que ves. Vuelve a salir y date la vuelta para ver la casa.

Toma un momento para fijar esta imagen en tu mente, disfrutando de los beneficios y el conocimiento que te está dando este lugar. Entonces escuchas los sonidos del jardinero que se acerca a ti y volteas para encontrarlo. Como antes, toca su gorra y escuchas las palabras de su mensaje para ti en este momento. Agradécele y regresa a donde iniciaste. A partir de este momento deja que la casa y el lugar donde estás se esfumen de tu vista, cuando estés listo, y luego regresa, suave y lentamente, asegurándote que tus sentidos hayan regresado a su sensación cotidiana antes de abrir tus ojos.

El Sótano

En nuestra siguiente serie de Meditaciones a través de tu propia casa majestuosa llegamos a explorar el sótano. Como antes, la meditación toma la forma de un viaje guiado por la casa majestuosa que es una representación simbólica de tu ser interior en diferentes niveles, representados por las diferentes habitaciones que exploras. Aquí bajamos al sótano de tu casa, que refleja el nivel más profundo de tu ser, aquello que has enterrado u olvidado. Este puede ser un lugar de una percepción e información valiosa y asombrosa. Sin embargo, puede ser que no quiera salir, así que sé paciente y amable en tus viajes a esta habitación, regresando tan seguido como lo necesites.

Empieza la meditación arraigándote y conectándote como siempre, sintiendo el equilibrio en el centro de tu propio ser. Esto es importante porque te permite ser objetivo y honesto en tu experiencia. Cuando estés listo, empieza a visualizar, imaginando que desde el interior observas a través de un tercer ojo que ve clara y verazmente.

Mientras observas, descubres que has vuelto al camino de grava que conduce a tu propia casa majestuosa. Voltea alrededor y acostúmbrate a lo que puedes ver. Observa los jardines de la casa, los árboles, el aire, la temperatura y cualquier cosa que pueda haber ahí. Empieza a caminar hacia la casa, acercándote con entusiasmo y gozo por estar ahí una vez más. Tu casa ya empieza a serte familiar y cómoda.

Luego avanza hacia la misma casa. Cerca de las puertas está estacionado un coche grande y lujoso. Camina hacia él, obsérvalo por dentro y alrededor. Advierte que el número de la placa es tu nombre. ¿Cómo te sientes por esto?

Cuando estés listo, sube a las puertas y ábrelas, encontrando que se abren fácilmente. Entra al vestíbulo y acostúmbrate a lo que ves. Mientras observas, ves que hay un tramo de escaleras que salen por un lado, hacia abajo, donde sabes que están los cuartos de servicio. Baja por estas escaleras, caminando con cuidado. Conforme bajas, encuentras que cada vez está más obscuro y te detienes para ajustar tus ojos. Cuando llegas al final de las escaleras hay una puerta que está cerrada, puedes distinguirla justo frente a ti. Intenta abrir la puerta. Si lo haces, puedes entrar, quizás con un poco de dificultad. Si no lo haces, regresa sobre tus pasos al exterior y sal de la meditación porque todavía no es el momento de explorar lo que hay ahí abajo (Es posible que quieras examinar por qué es esto). Si tu puerta abre, simplemente entra y toma todo el tiempo que desees para explorar y examinar lo que encuentres ahí.

Cuando estés listo y sientas que es el momento, regresa a la puerta y crúzala, cerrándola detrás de ti. Sube otra vez las escaleras y trae contigo lo que has aprendido y experimentado. Regresa a las puertas principales de tu casa y sal al exterior. Atraviesa otra vez el camino, detente y vuelve a ver tu casa. En este momento el jardinero te hace su visita acostumbrada, dándote un mensaje que es pertinente para el viaje que acabas de hacer y para ese aspecto de ti mismo.

Regresa ahora a tu lugar de partida y empieza a dejar que se desvanezca la casa, volviendo al mundo cotidiano a tu alrededor, hasta el momento de tu próxima visita. Arráigate totalmente y abre tus ojos cuando estés listo.

El sótano representa esa parte de nosotros mismos que muchas veces deseamos enterrar. Puede contener reliquias y símbolos de cosas de nuestra vida cotidiana que hemos enterrado, recuerdos inconscientes que en realidad pueden enseñarte mucho, temores que te limitan o amenazan. Es el nivel más profundo de tu ser desde el cual puedes aprender mucho.

El Comedor

Aquí exploramos el comedor de tu casa establecida como la imagen de tu ser. Esta parte de tu casa, y de tu ser, se relaciona con, y simboliza, tu naturaleza práctica y la estructura de tu vida.

Empieza con tu arraigo y conexión, luego inicia tu viaje al interior, viendo de adentro hacia afuera al nivel de tu tercer ojo, sabiendo que esto te mostrará la verdad. Mientras observas, descubres que otra vez estás parado en el camino de grava frente a tu casa, grande y majestuosa. Caminas hacia las puertas principales, acostumbrándote a tus alrededores. Escuchas el ruido de los pájaros en los árboles alineados en el camino. Observa a través de tus jardines. Llegas a ver un coche grande y lujoso estacionado junto a la puerta y ves que el número de las placas es tuyo.

Cuando estés listo, sube los escalones hacia tu puerta principal y entra, encontrando que las puertas no están cerradas con llave. Entra y cierra las puertas detrás de ti y date la vuelta. Te encuentras ahora en el vestíbulo, con la escalera amplia frente a ti y corredores que comunican a otras habitaciones. Todas las puertas que puedes ver están cerradas. Ahora caminas por un corredor, que está cubierto por una alfombra gruesa y lujosa. Llegas rápidamente a una puerta de madera pulida, sabes que al otro lado está el comedor.

Haz una pausa si sientes que necesitas reponerte y concentrarte, entra cuando estés listo. Explora ahora esta habitación, a tu manera. ¿Estás solo ahí? ¿Todo está impecable y arreglado o muy desordenado y sucio? ¿En qué condiciones está la decoración de la habitación? ¿Hay un ambiente agradable, está mal ventilado y obscuro o está iluminado y ventilado? ¿Hay una comida preparada o está vacía la mesa? Camina por la habitación cambiando lo que quieras y haciendo cualquier cosa que desees. Explora tu habitación todo el tiempo que quieras.

Cuando estés listo, regresa a la puerta y sal al corredor, sabiendo que puedes volver en cualquier momento que lo desees, ya que es tu casa. Regresa por el corredor a la entrada y después sal de la casa, cerrando detrás de ti las puertas principales. Mientras regresas por el camino, te cruzas con el anciano que cuida el jardín.

Te detienes para saludarlo y encuentras que tiene un mensaje para ti, apropiado para tu meditación. Escúchalo, agradécele y después camina a donde iniciaste aquí tu jornada. Cuando estés listo deja que el lugar se desvanezca e inicia tu regreso como siempre, asegurándote de regresar plena y totalmente.

Las condiciones de tu comedor te dirán mucho sobre tu vida práctica y qué tan organizado estás en el momento en que haces esta meditación.

Cuando hayas regresado, percibe lo que tu habitación pueda haberte dicho sobre la estructura de tu vida cotidiana.

La Recámara

Ahora llega a la recámara dentro de lo que es tu casa establecida. Tal vez el viaje, como era de esperar, aquí tiene que ver con tu ser sensual, tu sexualidad, así como tu necesidad para relajarte.

Por lo tanto, en esta meditación la experiencia que tengas en la recámara reflejará la condición y cómo estás relacionado con este aspecto de ti mismo en este momento.

Empieza como siempre arraigándote, conectándote y con el contacto del tercer ojo sigue a la visualización de la casa. Ve que estás en el camino de grava en los jardines impecables y dedica un poco de tiempo para establecer la imagen y la escena de modo que llegue a ser real para ti.

Camina hacia el coche y después sigue a las puertas. Entra a tu casa y después sube las escaleras alfombradas. Camina por el corredor frente a ti, siguiendo tu guía intuitiva, a donde sabes que está la recámara.

Cuando llegas ahí la puerta está cerrada, pero cuando intentas abrirla lo hace con facilidad. Entra y dedica tiempo para explorarla.

Observa la decoración, su aspecto y el color. ¿Está arreglada la habitación y se le ha dado atención recientemente o muestra señales de haber sido ignorada o abandonada? ¿Tu tendencia es descansar y dormir o pretendes otra actividad?

Observa también el ambiente de tu habitación, percibiendo si es relajante y cómoda para ti, o quizás te hace sentir un poco incómodo. ¿Te sientes cómodo estando aquí y puedes ver claramente los detalles en la habitación? ¿Qué podrías hacer para crear aquí más comodidad y hacerla más abierta a los demás si lo deseas?

Cuando hayas pasado todo el tiempo que necesites en la recámara de la casa, regresa a la puerta y sal nuevamente al corredor. Baja las escaleras hacia la puerta principal de la casa y regresa al exterior.

Mientras caminas por el sendero escuchas que se acerca el jardinero. Detente para saludarlo, ve que toca su gorra y escucha sus palabras relacionadas con tu meditación. Agradécele y vete, regresando a donde iniciaste.

En este punto deja que se desvanezca de la vista el lugar, hasta tu próxima visita. Asegúrate en regresar lenta y completamente, arraigándote como siempre antes de abrir tus ojos.

El Estudio

El Estudio o biblioteca de tu casa te mostrará detalles y aspectos de tu ser en vías de desarrollo, lo que estás aprendiendo en tu vida en este momento y lo que estás trabajando en tu evolución general.

Esta meditación te puede dar una gran oportunidad para elevar tu conocimiento, para saber cómo estás evolucionando y si estás aprendiendo las lecciones correctas, necesarias para que esto ocurra.

La meditación inicia con el arraigo, la conexión, luego, la sintonización y la concentración en tu centro de energía del tercer ojo.

Desde aquí visualiza, como antes, tu casa y camina hacia las puertas principales, viendo que tu coche todavía está estacionado en el camino. Entra en la casa, que en este momento ya debes sentirla agradable, cómoda y familiar.

Esta vez permaneces en la planta baja y sigues un corredor que va a la parte posterior de la casa. Observa lo que ves en el camino hacia el estudio, que está ubicado en un rincón tranquilo en la parte posterior de la construcción, ya que esto te puede dar más información, también los cuadros que están en las paredes, los colores en que están pintados, etc.

Cuando llegas al final del corredor, llegas a una pequeña puerta cerrada, que tiene un letrero de

"Estudio". Abre la puerta sin hacer ruido y entra agachándote un poco. Ahora date tiempo para caminar en la habitación, quizás te sientas en un escritorio y observas desde ahí, sólo haz lo que gustes.

Vuelve a observar el aspecto de la habitación, su utilidad y viabilidad, ya que esto reflejará si estás trabajando en tu vida con eficiencia o desordenadamente. Puedes preferir tomar un libro, de todos los que están alineados en los estantes.

Si lo abres puedes leer algunas líneas, ver una imagen o sólo una palabra que será importante para ti. Dedica aquí todo el tiempo que quieras, observando y aprendiendo.

Ahora regresa a la puerta y, nuevamente, agáchate para salir al corredor. Sabiendo que puedes venir cuando quieras, vuelve por tus pasos hasta las puertas principales y sal al exterior.

Atraviesa el camino y encuentra un sitio tranquilo para sentarte y reflexionar en lo que has visto, y quizás determinar una acción o dirección futura que sea apropiada.

Mientras lo haces, se acerca el jardinero y te da algunas palabras de aliento o significativas, para ayudarte.

Agradécele y después sólo deja que el lugar se desvanezca de tu visión interna, percibiendo, en cambio, tu respiración. Profundízala y arráigate, asegurando tu regreso total y seguro antes de moverte.

La Habitación con Llave

Esta última meditación ofrece un enfoque ligeramente diferente para aprender de la representación simbólica de tu ser que es tu casa establecida. El viaje está diseñado para permitirte descubrir una pieza de información que no hayas querido saber o tener acceso por algún motivo. Hasta podrías recibir una manifestación de guía o sabiduría superior. Esto puede aplicar personalmente en ti o ser una percepción útil que debe conocer mucha gente. Simplemente sigue toda la meditación y observa qué información, comprensión o conocimiento te llega, que no hayas examinado antes o hayas olvidado. Aquí se te aconseja no esforzarte para obtener una comprensión o gotas de sabiduría. Sé honesto y si no recibes nada, no te desesperes. Simplemente sal y regresa en otro momento, creando cada vez más la estructura de esta habitación, así como tu paciencia, y en algún momento, algo te llegará.

La meditación empieza como antes, con el arraigo y la conexión habituales, y luego concentrándote en el tercer ojo, para permitir que se den las imágenes y las comprensiones correctas y verdaderas. Ve tu casa con claridad y camina por los jardines, atravesando el camino hasta las puertas principales, pasando tu coche mientras avanzas. Sube los escalones hasta la puerta principal y entra.

Desde esta fase del viaje, estás por tu cuenta. Ahora estás buscando una llave, que de alguna manera es especial — sabrás cómo y que es la llave correcta cuando la encuentres. Sólo la puedes encontrar con intuición y al hacerlo, realmente encontrarte a ti mismo. Camina en cualquier dirección que te parezca correcta, observando con cuidado y avanzando lentamente, para asegurarte que no empieces a aplicar la lógica y por ello pierdas la llave.

Paséate hasta que, o pierdas la paciencia y regreses, o encuentres la llave. No se te abren otras alternativas en esta meditación. Cuando hayas encontrado la llave, debes entonces encontrar la habitación correcta donde la llave te permitirá entrar. Nuevamente, esto sólo se puede encontrar con intuición y por eso debes dejar que te guíe a la dirección que sientas que es correcta hasta que la encuentres. Cuando se haya hecho esto, abre la puerta y entra a la habitación, cerrando la puerta detrás de ti.

Ahora dedícale tiempo a esta habitación, como te parezca más apropiado. Es posible que no haya nada en la habitación, en ese caso debes esperar hasta que algo suceda o alguien pueda llegar para hablar contigo. Puede ser que sólo se requiera que estés ahí un momento, sin ningún pensamiento consciente. Tal vez haya una silla o un escritorio para que te sientes y procedas desde ahí. En este momento ya debes estar suficientemente avanzado para dirigir tu propia meditación, permitiendo que ocurra lo que aparentemente quiera ocurrir, llevando a un segundo plano tu mente consciente y lógica, y dejando que te guíe a donde desee.

Dedica todo el tiempo que sea necesario en esta habitación, con cualquier cosa que pueda suceder ahí y cuando estés listo, sal, cerrando y teniendo la precaución de ponerle llave a la puerta detrás de ti. Deja la llave en la cerradura para que puedas encontrarla del mismo modo que antes, será quitada y colocada en otro lugar diferente al que se encontró originalmente.

Ahora puedes regresar, saliendo de la casa y pasando a un lugar cómodo para sentarte y descansar, trayendo contigo, y reflexionando en, lo que has hecho. Esta vez no hay un jardinero a la vista, ya que no puede agregar nada a la percepción pura que has elaborado. Cuando sientas que estás listo, deja que se desvanezca la casa e inicia el regreso como siempre. De este viaje, regresa especialmente despacio, ya que puede tener el efecto de llevarte a un nivel profundo. Por ello, es fácil perder un poco del contenido de lo que has aprendido, aunque durante la meditación pienses que puedes estar consciente de ello. Igual que con los sueños, estamos regresando de otro mundo cuando volvemos de la meditación, y debemos hacerlo suave y gradualmente, para que el cambio no sea demasiado drástico para nosotros y conservemos lo que es valioso del otro mundo. Arráigate por completo y abre tus ojos cuando estés listo.

Las técnicas para las meditaciones de la casa establecida son las siguientes:

Arraiga y conecta

Ajústate y sintonízate con el tercer ojo

Visualiza la casa majestuosa y el coche con una placa

Encuentra una habitación en particular para tu viaje

Dedica un momento en la habitación, siguiendo las respuestas intuitivas

Regresa de la habitación, afuera a los jardines

Recibe un mensaje o palabras de un jardinero

Da las gracias y deja que se desvanezca la casa

Arraiga

Las meditaciones que se dieron antes son sólo un repertorio de todas las posibilidades que nos da la estructura y distribución del formato de la casa establecida. Hay muchas habitaciones probables en esa estructura y sólo tu imaginación aplica los límites, de lo que puedes visitar y aprender. Algunas sugerencias de otras habitaciones por visitar y cómo aplican con los aspectos de tu persona pueden ser:

Una **cochera**, para ver por qué método viajas y te mueves a través de tu vida, y cómo opera su mecanismo — suavemente u otro.

Un **cuarto de huéspedes**, para ver qué potencial inexplorado está guardado dentro de tu ser, al que todavía no has tenido acceso o, alternativamente, para ver qué has olvidado, dejado atrás o estás ignorando, que te puede ser útil.

Un **baño**, donde puedes prever y ver qué aspectos de tu ser estás desperdiciando o que necesita limpiarse y sanarse.

Un **salón**, donde el único propósito sea descansar y recuperarse.

Tienes toda la libertad de agregarle a esta lista o decidir representaciones alternativas de tu habitación, ya que aplica lo que tú decides. Sin embargo, apégate al mismo formato y estructura para tus meditaciones, porque lo que ya se estableció contribuirá enormemente para darte imágenes claras, y de ese modo acrecentar tu confianza cuando emprendas por primera vez tus propias meditaciones.

Capítulo 10

...¡Y relájate!

Hemos viajado por un paisaje rico y variado, en el interior y el exterior de tu ser, y confío en que hayas aprendido y descubierto bastante. He tenido la esperanza, a través de este libro, de situar a los que han desconfiado o ignorado en un sendero de meditación que los enriquecerá y les dará el control y la productividad de su vida. Pero sólo puede ser una esperanza y nada más, ya que estas cosas ni yo ni nadie las puede fabricar, incluyéndote a ti mismo.

En cambio, debe ser una dieta cotidiana que debe alimentarse, cuidarse amorosamente y nutrirse, que resultará en un desarrollo del ser, fuerte y floreciente. El objetivo final es crear un ser que sea consciente, despierto, en control de su dirección y razón, capaz de moverse establemente por su propia vida al enfrentar el desastre, el triunfo, el gozo y la tristeza con igual medida y celebración. Esto no tiene que ser una retirada de las emociones extremas, aunque este enfoque Oriental más tradicional es perfectamente válido y eficaz. Puede ser que nuestras mentes, cuerpos, vidas y sociedad Occidentales estén tan enredadas en una masa de detalles que giran vertiginosamente, que es casi imposible separarse por completo de tales extremos.

Aquí podemos aplicar un principio que encontramos antes, que afirma que cualquier cosa que experimentemos completamente, desaparece. De esta manera, al estar abiertos y abarcar nuestra sociedad con toda su malevolencia, perjuicio, éticas y prácticas equivocadas, podemos buscar trascender y transformarla. Hacemos esto al trascender y transformarnos. No estoy recomendando que debemos aprovechar la riqueza de la sociedad, convirtiéndonos en una persona de la sociedad, respetable, que acata las leyes, haciendo únicamente lo que es aceptable todo el tiempo y dejando que se vaya la libertad de pensamiento. ¡Es todo lo contrario!

El uso adecuado de la energía subyacente, que hemos aprendido por las meditaciones de este libro, produce una responsabilidad que surge con pleno conocimiento de quién y qué eres. Esta responsabilidad, en cada persona, por todo el mundo, es lo que debe buscarse si queremos salir de las trampas y las limitaciones de la vida mundana de una existencia simple y la mediocridad.

Por consiguiente, se requiere una anarquía, en el verdadero sentido de la palabra, como responsabilidad personal, un estado de ilegalidad, porque no se necesitan esas leyes restrictivas para el gobierno del ser. Una práctica diaria de meditación que induce a tal control se convierte en una norma dentro de nuestra vida y no, una separación. Buscando unir, no separar.

Al abarcar a toda la sociedad, nosotros mismos y las demás personas que la constituyen y la contienen, nos liberamos de esta. Así es como podemos cumplir con el antiguo adagio de estar en este mundo pero no ser de él. En vez de ver todo lo que es negativo, todo lo que está destruyendo el mundo y su belleza única, concéntrate en lo que lo está reconstruyendo, lo que es hermoso y bueno. De este modo, atraerás esos seres y circunstancias que reflejen esto hacia ti, en lugar de encontrar continuamente que conoces gente que usa y abusa de ti, y experiencias que te deprimen y amenazan tu progreso y tu desarrollo. Tú tienes el control y sólo tú puedes hacer algo con respecto a tu vida. La meditación es una manera suave, segura, eficaz y totalmente benéfica de lograr esas cosas.

He tenido la experiencia de que el mundo está lleno de desastres, dolor, prejuicio y actividad no espiritual. También he tenido la experiencia de que la meditación permite una visión de este mundo que es hermosa y llena de inspiración. La meditación también me proporciona lo mismo que, en verdad, me mantiene vivo. El motivo de que pueda ver belleza en un mundo que viola, destruye, es injusto, y de muchas maneras, perverso, es por la sensación de reverencia que me da la meditación.

Sin embargo, este sentido de reverencia se expresa, es vital para mi vida continua, vital para la vida misma, y trae esperanza, confianza, fe, creencia, visión y evolución. Mientras que este libro intenta establecer un enfoque práctico y la práctica de la meditación, tengo que admitir otra esperanza más reflexiva, que la meditación dará como resultado el florecimiento de esta sensación de reverencia en aquellos que lo lean. Observa en la lista de cosas positivas que se dio anteriormente, que todas son intangibles y que es vital darse cuenta que debes también actuar en los frutos que te da tu meditación.

De este modo el mundo llega a ser un poco más optimista. Entre todo el dolor, podemos sentir amor. Podrá parecer que en ciertos momentos esto no tiene sentido, porque en todo el rededor hay fatalidad y destrucción. Pero no es necesario que tenga sentido. Apégate a la filosofía de ser un "optimista sin sentido" y crea una construcción indestructible, hermosa e ilimitada, dentro de tu mente, tu cuerpo y tu espíritu, de que en verdad puedes cambiar el mundo. Se requieren muchas cosas para crear esta estructura, siendo la meditación la base y la piedra angular.

Al cerrar, te animo a que completes esa construcción, agregando con tu práctica diaria de meditación los ladrillos y el cemento que unen todo. Las cosas como dieta, descanso, juego, música y estimulación artística se necesitan para el optimismo sin sentido que sólo ve amor y belleza en el mundo. Sin embargo, no son unos "hippies" suaves, sino un ser cuya consciencia es afilada y aguda, en control, que evita el conflicto y el dolor porque no forma parte de ellos. Están seguros de estas cosas por la sensación de reverencia que palpita siempre en su interior. Si esto te atrae, empieza a meditar y todo lo demás puede seguir, y seguirá.

Apéndice A

Meditaciones de los Meridianos

La visión Oriental de la energía o Chi que impregna y existe en todas las cosas, es la que utilizamos aquí. Como tal, en el sistema de meridianos hay concentraciones de energía en ciertos lugares, dependiendo de la persona en cuando a complexión, emoción, condición mental y muchas cosas más, siendo lo que conforma a la persona. Por consiguiente, los bloqueos y debilidades en este flujo de energía a través del cuerpo, pueden crearse por el funcionamiento muscular discordante, las emociones persistentes, los pensamientos negativos habituales, etc. Al encauzar un flujo de la fuerza energética pura, a lo largo del meridiano pertinente para despejar el bloqueo o fortalecer la debilidad, se motiva un regreso a la salud en su nivel básico.

El "meridiano pertinente" se determina por su sendero, los órganos y las funciones con los que está enlazado. Se muestran en las meditaciones individuales de cada meridiano. Igual que con las meditaciones del aura y de los chakras, el método de cada meditación de los meridianos es el mismo, simplemente se adapta la ruta para ajustarla al meridiano que se está enfocando. El resumen para la técnica se da, por lo tanto, al final de todas estas meditaciones, igual que antes.

Durante las meditaciones puedes sentir cualquiera de las "sensaciones de energía" previamente descritas, como calor, frío, hormigueo, etc. Recuerda que estas son tus respuestas a la energía, no la energía misma. Lo que percibes y cómo te sientes durante la meditación, puede darte algún indicio con respecto a la causa de la debilidad o bloqueo en tu sistema. El hecho de que sientas cualquier cosa te dice que algo está sucediendo, sin que sea esencial comprender lo que es para que funcione. De cualquier modo sucederá, mientras puedas mantener tu enfoque y concentración. Tu nivel de concentración está en relación directa con el nivel, dosis o calidad de la energía que puedas transmitir durante la meditación, y de ahí el beneficio que obtengas de ello. Si has seguido las meditaciones del libro cronológicamente, practicando fielmente, tu concentración ya debe haber alcanzado un buen nivel.

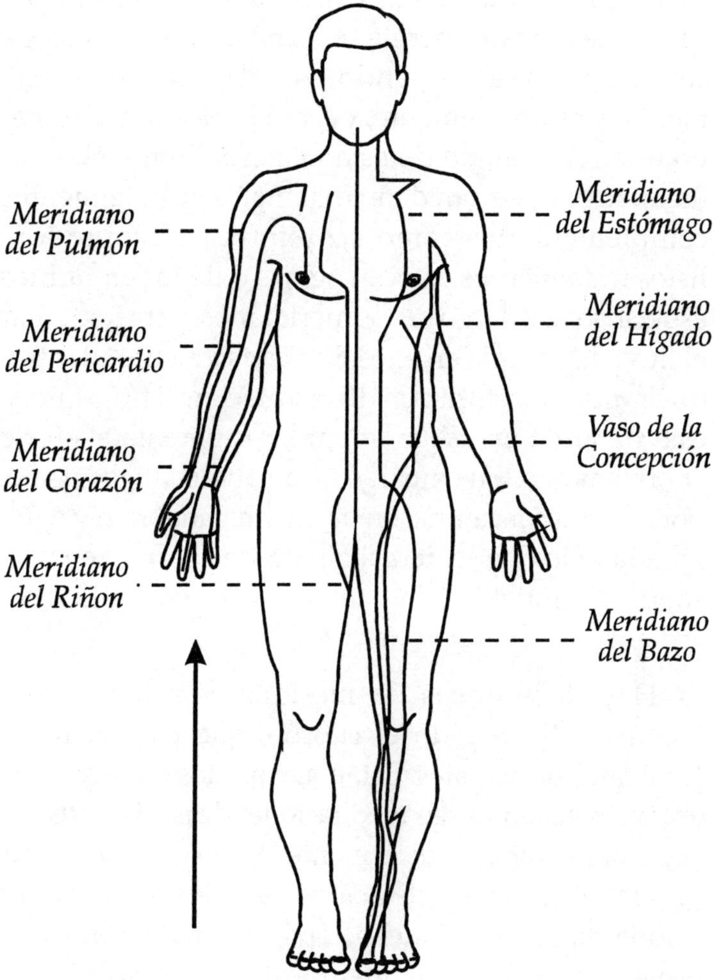
Meridiano del Pulmón
Meridiano del Pericardio
Meridiano del Corazón
Meridiano del Riñon
Meridiano del Estómago
Meridiano del Hígado
Vaso de la Concepción
Meridiano del Bazo

De modo que tenemos el sistema de meridianos de vasos de energía a través del cuerpo, por los que transmitimos una fuerza sanadora pura, de principio a fin. Este flujo de energía se manifiesta como nuestra condición física, teniendo su relación emocional, mental y espiritualmente, y estando el sistema humano interrelacionado de esta manera. Como tal, estas meditaciones se pueden combinar con tratamientos complementarios como acupuntura y acupresión. Estos tratamientos colocan agujas o dedos en puntos específicos a lo largo de los meridianos, para fomentar el flujo de energía en ellos. Por consiguiente, al introducir una concentración de meditación al flujo que se está tratando en ese momento, incrementa el efecto enormemente. Sin embargo, sé amable contigo mismo, porque una concentración de energía uniforme y equilibrada es lo que se necesita para un cuerpo, mente y espíritu saludables, ¡no un flujo de lava volcánica ardiente!

Hay doce líneas de meridianos principales o "regulares" por todo el cuerpo, que controlan sus funciones principales. Están agrupados en seis pares, entonces, tenemos seis meditaciones de meridianos que podemos hacer aquí eficazmente. Ahora podemos agregar la séptima meditación para los meridianos "Gobernador" y "Concepción", cuyos nombres describen su función. A los que les interese y estén conscientes de estas cosas, en cada par hay un "opuesto complementario" de una línea pasiva de meridiano

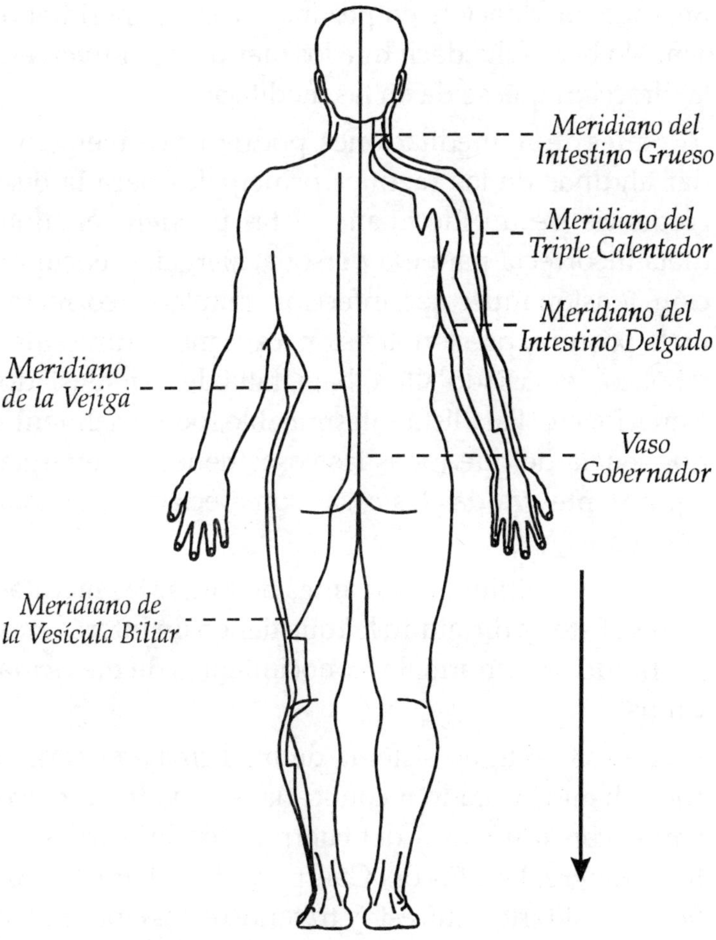
Meridiano del
Intestino Grueso
Meridiano del
Triple Calentador
Meridiano del
Intestino Delgado
Meridiano
de la Vejiga
Vaso
Gobernador
Meridiano de
la Vesícula Biliar

"yin", o femenina, y una "yang", o masculina y activa. Por lo tanto, llegamos a un flujo de energía equilibrado y uniforme por nuestros cuerpos en cada meditación. En cada meditación empezamos con el meridiano Yin. No hace falta decir que los meridianos fluyen en la dirección que se da en las meditaciones.

Antes de las meditaciones, podría ser conveniente dar algunas de las razones principales para la discordancia de un meridiano. Estas pueden ser: una dieta incorrecta para esa persona, alergia, preocupación, tensión muscular, infección, empleo incorrecto, mala postura, presión, tensión, cansancio, ritmo metabólico demasiado alto o bajo, falta de o demasiado ejercicio, etc. Esta lista interminable, potencialmente nos señala de que todas las cosas tienen su energía equivalente y todas las cosas son afectadas por esta energía.

Falta un último punto antes de iniciar las meditaciones. Esto va dirigido a los que tienen un interés más profundo de lo normal y conocimientos de medicina China.

En este antiguo sistema de medicina, la energía, como hemos llegado a conocerla, se divide en cinco partes constituyentes del cuerpo, siendo estas: Chi, Jing, Sangre, Fluídos del Cuerpo y Shen. Para simplificar y facilitarlo aquí, estoy tratando estos cinco como uno, pero si tienes bastante experiencia, por supuesto que estás en libertad de dividir las meditaciones conforme a ello.

La gente con experiencia también puede reconocer algunos elementos del sistema Chino Zang Fu en las correspondencias de las meditaciones con los órganos que afectan, y pueden usar estos según su conocimiento.

Si eres una de estas personas, es posible que también quieras hacer las meditaciones en el momento de óptimo flujo de energía a través de los órganos pertinentes asociados con los meridianos, para los demás se da esto a continuación. Los que no conozcan ninguno de los órganos nombrados aquí adelante, consulta las meditaciones pertinentes para más información.

Pulmones	- 3 - 5 a.m.
Intestino Grueso	- 5 - 7 a.m.
Estómago	- 7 - 9 a.m.
Bazo	- 9 - 11 a.m.
Corazón	- 11 a.m. - 1 p.m.
Intestino Delgado	- 1 -3 p.m.
Vejiga	- 3 - 5 p.m.
Riñón	- 5 - 7 p.m.
Pericardio	- 7 - 9 p.m.
San Jiao	- 9 - 11 p.m.
Vesícula Biliar	- 11 p.m. - 1 a.m.
Hígado	- 1 - 3 a.m.

Meditación del Meridiano del Pulmón e Intestino Grueso

Empezamos esta serie de meditaciones con el meridiano que viaja a través y, por lo tanto, está enlazado con los Meridianos del Pulmón e Intestino Grueso. Primero se observa la función de estos órganos para descubrir lo que se puede tratar específicamente con estas meditaciones. Recuerda que estamos tratando con un sistema que principalmente tiene su origen Oriental, de donde tomamos la interpretación del funcionamiento de los órganos, y que principalmente es en un nivel energético.

Los Pulmones gobiernan el flujo de la energía Chi y la respiración del cuerpo. El funcionamiento efectivo de los pulmones es vital para los niveles de energía en general, y la motivación y la fortaleza que trae. Si eres fumador, o de preferencia lo estás dejando, es bueno enfocar este meridiano para meditar. Los Pulmones gobiernan la inhalación de aire puro y energía, y la exhalación de las impurezas. Los Pulmones toman energía del bazo, ya que extrae energía de los alimentos que ingieres. Después los Pulmones distribuyen la energía resultante, del aire y el alimento, en cualquier calidad o condición, por tu cuerpo. La energía de los pulmones también protege contra el frío y la humedad en el cuerpo que agotan el sistema.

Usa la meditación de este meridiano para tratar los resfriados. Los bloqueos aquí, también pueden resultar en asma, tos y problemas respiratorios. La hinchazón en la cara también indica una energía impura de los pulmones. Como la energía del pulmón regula el movimiento de los fluidos corporales, retención de orina, condición pobre del cabello y la piel (seca o excesivamente sudorosa) son indicadores de que no todo está bien aquí. Un sentido del olfato escaso es otro factor que debe considerarse.

En un nivel diferente, si estás demasiado triste o afligido por la pena, por cualquier motivo, esto afecta a los pulmones y el flujo de su energía. Es posible que quieras ayudarte a superar este estado usando esta meditación. Los Pulmones también nos dan una sensación de pertenencia y conexión con el resto del mundo: sintiendo que se es parte de todas las cosas, como es en realidad. Usa esta meditación si en verdad estás solo y deseas pertenecer.

Las señales que se buscan aquí son falta de respiración, voz débil, palidez en la cara, cansancio, letargo y sudor. Esta meditación es particularmente buena para los que trabajan en oficinas, ya que la mala postura da como resultado energía de los pulmones deficiente. Si recientemente has tomado antibióticos, también es bueno estimular con esta meditación el flujo de energía que puede debilitar los pulmones.

Siguiendo al Meridiano del Intestino Grueso, examinamos ahora sus efectos energéticos. Es importante darse cuenta de como los dos hacen pareja, los atributos o deficiencias que se dan para los Pulmones también aplican para el Intestino Grueso (y también para las meditaciones de los otros Meridianos en pares). Específicamente, el Intestino Grueso recibe lo que es impuro del intestino delgado, extrae lo que es puro y elimina el resto. Si vives o trabajas en un entorno contaminado, es bueno usar esta meditación. Si tu sistema está envenenado, usa esta meditación (¡la primera meditación que cura la cruda!). Cualquier problema con el colon o el sistema excretor también se puede ayudar aquí.

Para la meditación, primero realiza tu arraigo y conexión. Esto es esencial aquí, porque es necesario tener la consciencia sutil que esto trae, con respecto a sentir el movimiento y la reacción que tienes al flujo de energía estimulado por tus pensamientos. Toma un momento para recordar los problemas específicos que estás tratando, si hay alguno, y después empieza. Fija tu concentración en un punto de tu cuerpo adelante del hombro derecho, en el hueco que está debajo de la clavícula. Dedica un poco de tiempo para establecer este punto en tu mente e imaginar que aquí se está formando una pequeña esfera de energía. Debe ser una bola de energía pura, clara y cristalina, la fuerza vital más pura que puedas imaginarte.

Cuando estés listo, empieza a mover esta esfera de energía por el trayecto del meridiano del pulmón. Muévete a un paso cómodo para ti. Intenta dejar que la esfera de energía se mueva a su propio paso, porque percibirá bloqueos y debilidades mientras pasa, y se ajustará conforme a ello. Esto es porque tu subconsciente sabe dónde necesita energía y absorberá ésta en los sitios pertinentes. Por lo tanto, intenta no interferir con tu mente, sólo observar lo que sucede mientras la esfera de energía recorre tu cuerpo.

Permanece relajado, tranquilo y observa. Si percibes que el meridiano está bloqueado, simplemente enfoca tu concentración de energía en la esfera, que lo disuelve suavemente y después sigue su jornada. Continúa de este modo hasta que hayas llegado al final del meridiano. Repite el movimiento si sientes que es necesario, siendo suave y consciente a su paso. También puedes encontrar que te es difícil concentrarte en ciertos puntos, que es otra indicación de que hay bloqueo. Duplica tus esfuerzos para concentrar y repetir el método anterior que desbloquea, y continúa.

Para el meridiano del pulmón, muévete de ese punto en tu pecho, más o menos, dos centímetros arriba y después hacia fuera de tu hombro, moviendo la esfera de energía justo debajo del hueso del hombro.

Ahora dirige tu enfoque bajando por tu brazo derecho, descendiendo por el interior de tu brazo, cerca de la superficie, pero por dentro. Continúa bajando suave y lentamente por tu muñeca y saliendo por la punta de tu pulgar.

Espera un momento y percibe qué efecto tiene en ti este movimiento de la energía, y date cuenta de cualquier cosa que hayas hecho en este momento. Ahora repite el movimiento del meridiano del pulmón en el lado izquierdo, siguiendo el mismo trayecto en el lado opuesto de tu cuerpo. Cuando se haya hecho esto, como antes espera un poco y después inicia la limpieza de energía del Meridiano del Intestino Grueso.

Esto empieza en la punta de tu dedo índice y se mueve por tu mano, por el dorso y suavemente a un punto en tu muñeca. El meridiano del intestino grueso después sube en una curva suave, por detrás de tu brazo, hacia tu codo. De aquí la curva se repite, subiendo con el mismo arco a un punto arriba de tu axila. Aquí, enfoca la esfera de energía moviéndose por atrás de tu hombro hacia tu cuello. Después, la línea del meridiano sube por tu cuello, debajo de tu oreja y a un lado de tu cara hacia la parte de arriba de tu labio superior, donde termina.

Este trayecto debe repetirse en ambos lados del cuerpo, moviéndose primero hacia arriba por tu brazo derecho y después, tu izquierdo, haciendo el ejercicio exactamente igual en cada lado.

Recuerda alisar cualquier bloqueo y enfocar un flujo y una concentración de energía más fuerte donde sientas alguna debilidad. Muévete a tu propio ritmo, y cuando hayas terminado haz una pausa y deja que te llegue la comprensión de las diferencias que esto te ha provocado: física, mental, emocional y espiritualmente. Después, vuelve a arraigarte y regresa.

Meditación del Meridiano del Bazo y del Estómago

La meditación del segundo meridiano está enlazada con el bazo y el estómago. Tomando primero el bazo, se considera que gobierna las habilidades del cuerpo de transformación y transportación. El bazo es el órgano principal de la digestión, así que se puede ayudar en cualquier trastorno digestivo con esta meditación. Como se mencionó antes, el bazo extrae la energía positiva del alimento en tu estómago y la envía a los pulmones y el corazón, donde se transforma en energía Chi y Sangre. Si tienes mal apetito, mala digestión o diarrea, usa esta meditación.

El bazo también regula el flujo de sangre a través de los vasos. Cualquier debilidad aquí, se muestra con contusiones fáciles y con sangre que aparece en las defecaciones. También, si tienes venas varicosas, esta meditación puede ayudar, con una aplicación positiva de la energía y el pensamiento.

Como el bazo domina los músculos y las extremidades, una deficiencia en la energía a lo largo de este meridiano puede resultar en músculos y extremidades débiles, que no estén en buena forma y condición.

También si estás excesivamente cansado, usa esta meditación.

Como aquí está relacionado con la digestión, también está involucrada la boca. Si tu sentido del gusto parece apagado, tienes úlceras en la boca o labios pálidos, esta meditación puede mejorar estas cosas. Si descubres que tus hábitos alimenticios son irregulares, pueden dañar el bazo, así que esta meditación ayudará a enderezar las cosas.

Por último, se considera que el bazo envía una energía clara a la cabeza y al cerebro.

Si te sientes muy confundido, descubres que estás pensando una y otra vez los mismos pensamientos y no puedes concentrarte, fija tu atención en el flujo de energía que se mueve claramente a lo largo de este meridiano y despejará cualquier bloqueo que pueda haber aquí.

Esto también incrementará tu capacidad de decisión, si tienes problemas con esta capacidad. Asimismo, si no puedes desconectar tu mente, aún después de la meditación, esta técnica puede ayudarte a despejar tu cabeza para dejar que suceda. Esto despejará cualquier aire meditabundo que puedas tener.

Para el estómago, fijamos nuestra atención, tal vez como era de esperar en el papel de recibir y almacenar alimentos.

Por supuesto, es de gran importancia la calidad y la condición de los alimentos que le das a tu estómago,

¡pero eso es asunto de otros que estén más calificados que yo para hablar! Sin embargo, si descubres que repetidamente padeces náuseas, hipo, vómito o eructos, entonces esta meditación puede ayudar a despejar el flujo incorrecto de la energía del estómago, que te dejará asimilar tus alimentos adecuadamente. Este meridiano también está enlazado por el páncreas, al flujo y a la cantidad de insulina en la sangre, lo cual quiere decir que esta meditación es buena para que la hagan regularmente los que tienen el diagnóstico de diabetes.

Para empezar esta meditación, arráigate y conéctate, y como antes, haz una pausa para hacer una evaluación de ti mismo y de tu ser. Recuerda lo que sabes que necesita tratamiento o en lo que deseas concentrarte en la meditación, y después ajusta tu consciencia a la energía y fuerza vital dentro de tu cuerpo.

Lleva tu punto de concentración al inicio del meridiano del bazo, que está en tu pie, arriba del dedo gordo, empezando con el pie derecho. Enfoca la esfera de energía transparente en este punto, asegurándote que percibas esto claramente antes de seguir el trayecto de los meridianos por el cuerpo. Cuando estés listo, mueve tu esfera de energía por dentro de tu pie, haciendo una curva en tu tobillo y después corriendo suave y uniformemente hacia arriba adentro y en el centro de tu pierna. Continúa con este movimiento hasta la parte superior de tu pierna, desbloqueando cualquier obstrucción a su paso y fortaleciendo cualquier debilidad que puedas sentir. Cuando hayas llegado a la parte superior de tu pierna, empieza a retirarte con una curva suave a través de tu abdomen, a un punto que está a dos o cuatro centímetros adentro y arriba de la axila. Aquí el meridiano del bazo baja de nuevo para terminar justo abajo de la axila.

Espera un poco de tiempo para detenerte y descansar, y deja que tu concentración se reúna una vez más. Percibe cualquier diferencia que puedas sentir en el cuerpo, la mente y el espíritu, y cuando estés listo, repite la meditación del bazo en el otro lado del cuerpo, subiendo por tu pierna izquierda y siguiendo el mismo patrón de antes.

Haz nuevamente una pausa y date cuenta de la diferencia que puede haber hecho esto. Es vital que percibas conscientemente los cambios que hayas provocado en tu condición con estas meditaciones, porque precisamente este cambio de consciencia las hace tan eficaces, ya que constituye un cambio de la realidad como la percibes. Esto cambia tu forma de pensar y, como sabemos, la energía de tus pensamientos crea la realidad que experimentas.

Cuando estés listo para continuar, dirige tu atención al inicio de la línea del meridiano del estómago, para iniciar aquí la limpieza. Esto empieza, en realidad, en dos lugares separados. El primero es en la cabeza, en el lado derecho, arriba y a un lado del ojo derecho. De aquí baja la esfera de energía, trazando una curva después del ojo hacia un lado de la barbilla. Ahora vuelve a enfocar la esfera de energía cristalina debajo de tu ojo derecho y bájala lenta y suavemente, para que se una con el otro punto que acabas de dejar.

Después continúa en tu viaje, cerciorándote que tu percepción de la esfera de energía sea clara. Muévete a tu propio paso natural, bajando por tu cuello hasta la clavícula. Traza el meridiano un poco a la derecha, de modo que esté encima de tu pezón.

Después, con tu visualización baja en línea recta sobre el pezón. Desde aquí traza ligeramente, por tu cuerpo, una curva hasta la parte superior de tu pierna.

Enfoca la esfera de energía que sigue bajando por tu pierna derecha, por el centro y el frente de tu pierna derecha, hasta tu rodilla.

En la rótula hay un ligero movimiento hacia afuera en zigzag y como resultado el meridiano baja cerca de la parte inferior de la pierna, por fuera. Finalmente, baja tu esfera de energía a un punto en el centro del empeine.

Detente y descansa aquí un momento, y advierte los ajustes que has hecho. Cuando estés listo repite el trayecto de este meridiano en el lado izquierdo: de la cabeza y el ojo hacia abajo y luego a tu pie izquierdo. Haz una evaluación de la diferencia, descansa un poco y arráigate completamente, trayendo el beneficio de la meditación a tu vida cotidiana, regresando cuando estés listo.

Meditación del Meridiano del Corazón y del Intestino Delgado

Ahora llegamos a las líneas de los meridianos que están basadas en torno a la función del Corazón y del Intestino Delgado. Se considera que este órgano tiene una función similar en la medicina China y la de Occidente. Controla y regula el flujo de la sangre por los vasos del cuerpo. Esto es esencial para el calor del cuerpo, así que si padeces gravemente de frío o sabañones, es bueno usar esta meditación. Por supuesto, cualquier condición relacionada con el corazón y sus funciones también se beneficiarán con esta meditación. Es igual con cualquier deficiencia en la sangre.

En la medicina China se considera que el corazón aloja a Shen. El concepto de Shen es complejo, pero quizás se describe mejor como el que nos da nuestra personalidad individual. Si sientes que careces de identidad y estás atascado en la masa de la civilización, usa esta meditación. También se dice que la condición de Shen puede verse en los ojos, ¡así que vuelve a darle brillo a tus ojos con esta meditación!

Otros aspectos cubiertos por el Corazón son el carácter y la lengua, sus condiciones se pueden mejorar al despejar este meridiano. También la función del sudor, esencial en cualquier cuerpo normal y sano, está enlazada con la función del Corazón. Si tienes un desequilibrio aquí, usa esta meditación. Este puede enlazarse con el exceso o la deficiencia de calor o frío en el cuerpo.

La habilidad para expresar la alegría de una manera equilibrada llega con esta meditación, así que si sientes que necesitas más alegría o tal vez te estés diciendo que tu vida y tú son muy felices cuando en realidad no lo son, esta meditación es para ti.

Los signos que hay que buscar aquí son un pulso irregular, manos frías o húmedas, palpitaciones, falta de respiración y dolores en el pecho, y hasta una lengua roja oscura o morada.

La función del intestino delgado es separar lo puro de lo impuro en el cuerpo. Específicamente, el intestino delgado recibe los alimentos parcialmente digeridos del estómago. Aquí lo que es desperdicio se pasa al Intestino Grueso y a la vejiga para eliminarse. Así que cualquier problema con este proceso en tu cuerpo debe enfocarse con esta meditación.

El Meridiano del Corazón empieza en el pecho, como podrías esperarlo. Empieza la técnica con tu arraigo y conexión, recordando cualquier condición específica que puedas estar tratando. Cuando estés listo, fija la esfera de energía en el lado derecho de tu pecho, un poco más arriba y al centro de la axila.

Dedica un poco de tiempo para establecer la esfera de energía y cuando sientas que estás listo, empieza a concentrarte en su movimiento, bajando por tu brazo derecho, lenta y naturalmente. Viajará a lo largo de la parte interna de tu brazo, moviéndose en línea recta a tu codo. Mientras pasa, percibe cualquier bloqueo o ruptura en la concentración e imagina la esfera de energía dispersando y suavizando la obstrucción.

Del codo sigue hacia abajo por el brazo, en la misma línea recta hacia la muñeca, después fluyendo por la mano a la punta del dedo meñique, donde termina. Espera un momento para evaluar el efecto que esto tuvo en ti y repite el mismo proceso, esta vez bajando por tu brazo izquierdo, del pecho al dedo meñique.

Vuelve a hacer una pausa y luego continúa con el meridiano del intestino delgado. Este empieza en la parte externa del dedo meñique de la mano derecha, subiendo por éste último, pasando por el centro. De aquí, sube con tu esfera de energía limpiadora por el brazo hasta que hayas llegado a un punto intermedio por el hombro. De aquí, baja por atrás y por el centro, hasta que estés arriba de la axila y en el centro de ésta. Después haz una curva por el cuello hacia el lado derecho de tu cara, arriba de la barbilla. Por último, muévete hacia atrás y arriba por tu cara con la esfera de energía, hasta que hayas llegado a un punto debajo del lóbulo de la oreja, donde termina el meridiano del intestino delgado. Haz aquí una pausa y percibe lo que sientes ahora y después repite este procedimiento para el lado izquierdo y el brazo. Mueve la esfera de energía lenta y cómodamente, suavizando cualquier bloqueo o distracción que notes a su paso. Toma tu tiempo, no te apresures y percibe lo que está sucediendo mientras haces la meditación.

Cuando hayas movido la esfera de energía a tu oreja izquierda, arráigate lentamente y regresa, trayendo contigo a la realidad ordinaria lo que has adquirido y te ha beneficiado por la meditación. Toma tu tiempo para ajustarte y cuando estés listo, abre tus ojos.

Meditación del Meridiano del Riñón y de la Vejiga

Se considera que los Riñones tienen muchas funciones importantes en el sistema de medicina China que se usa aquí. Esto empieza con la función de almacenar y reproducir Jing. Básicamente, se considera que Jing es la esencia de la vida, de ese modo podemos ver lo vital que es el funcionamiento eficiente de la salud del cuerpo, así como de la mente y el espíritu. Jing también le da fortaleza al cuerpo y gobierna el crecimiento y el desarrollo durante la niñez (haciendo que esta sea una meditación excelente para los niños que puedan hacerla) y el funcionamiento sexual y reproductor. Cualquier problema con el crecimiento retardado, problemas de aprendizaje, infertilidad, problemas sexuales y senilidad pueden ayudarse con esta meditación de los meridianos.

Los Riñones también producen médula y fabrican la sangre. Los problemas con los huesos pueden, por lo tanto, ayudarse aquí, así como con los dientes. También puede ayudar a los que tienen zumbidos de oídos, visión borrosa y dolores de espalda, o, más bien, pueden ayudarse a sí mismos. Los Riñones también gobiernan el agua, incluyendo la que extrae lo sucio de lo limpio, haciendo ,por ello, que también los problemas urinarios sean un blanco para esta meditación. Los riñones también cumplen un papel en la respiración saludable, porque se piensa que sostienen la energía de los pulmones hacia abajo. Aquí se pueden atender los problemas de respiración de cualquier tipo. Se considera que los riñones y su energía se manifiestan en el cabello, dependiendo de ellos la nutrición para mantener el cabello sedoso y saludable. Si este es un problema, usa esta meditación.

Por último, los riñones alojan y controlan el temor. Ya que a los riñones se les considera como la raíz de la vida, estas funciones básicas están conectadas con el trabajo eficiente de los riñones. Si sufres de miedo, racional o inexplicable, usa esta meditación. Si no tienes fuerza de voluntad y careces de motivación, esta meditación puede ayudar. Si simplemente sientes que no puedes enfrentar la vida y todas sus presiones, esta meditación te puede ayudar a recuperar cierta fuerza interior que falta.

Se considera que la vejiga tiene en la medicina China la importante función de gobernar el paso de la orina. Cualquier discordancia aquí, puede por lo tanto ayudarse con esta meditación. Los signos que hay que buscar son: poca frecuencia para el paso de la orina, dolor al orinar y cantidades excesivas de la misma.

Cuando estés listo inicia esta meditación, empieza como siempre con tu arraigo y conexión y percibe cualquier problema específico que estés tratando. Equilíbrate y percibe el nivel energético de tu sistema, y luego fija tu concentración en la esfera de energía.

Concéntrate formándola en la punta de tu pie derecho, en la parte interna de la planta del pie. De aquí, mueve la esfera de energía lenta y uniformemente hacia arriba y atrás de tu tobillo, y después hacia arriba por atrás de tu pierna, en la parte interna de tu rodilla. De aquí continúas suavemente por el meridiano del riñón, subiendo por tu pierna y después en línea recta por tu cuerpo, a un punto del lado derecho de tu pecho, justo abajo del omóplato. Será un punto justo arriba del lado derecho del esternón. Termina el movimiento de tu esfera de energía aquí y detente. Haz una evaluación y cuando estés listo repite el mismo trayecto del meridiano del riñón en el lado izquierdo, subiendo por la pierna y el lado izquierdo de tu cuerpo.

Ahora concéntrate en el trayecto del meridiano de la vejiga. Este empieza arriba del ojo derecho, en el centro, desde aquí sube y pasa por la cabeza en una línea recta. Mueve tu esfera de energía, suavizando los bloqueos a su paso por la cabeza y bajando por la espalda, un poco a la derecha de la columna. Sigue bajando en esta línea recta hasta que llegues a la base de la columna y de la espalda. Después sube, más o menos, cinco centímetros a través de la columna, luego haz una curva regresando hacia abajo sobre los glúteos hacia un punto en la parte superior de tu pierna, en el centro y atrás. De aquí, simplemente baja por tu pierna derecha y ,por último, muévete a lo largo de la parte exterior de tu pie derecho, terminando en la punta del dedo meñique. Después de este trayecto algo complicado, detente un poco y percibe como te sientes.

Cuando estés listo, repite el trayecto del meridiano de la vejiga, empezando en tu ojo izquierdo, moviéndote sobre la cabeza y bajando por el otro lado del cuerpo y la pierna izquierda, igual que antes. Espera un momento para volver a percibir cómo te sientes y comprender, ahora, y cuando estés listo, inicia tu regreso arraigándote y regresando a tu espacio de meditación.

Meditación del Meridiano del Pericardio y Triple Calentador

El meridiano del Pericardio, también conocido como el meridiano del Maestro Corazón, trata con el sistema circulatorio del cuerpo. Su función está estrechamente relacionada con el corazón, siendo el pericardio la membrana que rodea al corazón. La meditación para este canal de energía ayuda a confirmar que el flujo físico de sangre por el cuerpo sea fluido, suave y uniforme, que es tan esencial para que muchos de los sistemas del cuerpo funcionen saludablemente. Como estamos tratando con cosas en el ámbito de meditación, también podemos descubrir que puede suceder que nuestros pensamientos nos revelen nuestra circulación por la vida — cómo somos para permitir nuevas cosas, pensamientos, ideas, personas, emociones, etc., para que vengan y vayan en nuestra vida. Percibe este aspecto mientras haces esta meditación.

Al pericardio se le ve como el protector del corazón, así que podemos dirigir nuestra atención a la protección de nuestro ser verdadero, así como protegernos de la invasión de fiebre, infecciones y cosas semejantes. Si tienes algún tipo de fiebre o infección, usa esta meditación.

El Meridiano Triple Calentador también se conoce como el San Jiao en la medicina China. El concepto de lo que es en realidad el San Jiao, es algo complicado, ya que no existe un equivalente en la medicina Occidental. La función principal aquí, es coordinar los movimientos del agua en el cuerpo, gobernando esta función. El meridiano del Triple Calentador también regula la función de calentamiento del cuerpo. Mientras haces esta meditación, es bueno percibir la temperatura de tu cuerpo, observando cualquier cambio mientras la haces. Esas cosas que sientes que te acaloran o claramente te enfrían también pueden resaltar durante esta técnica.

Empieza con tu arraigo y conexión como siempre, y después recuerda lo que estás tratando, si es que hay algo específico. Recuerda que este no es un requisito previo para la meditación del meridiano. Concéntrate en la esfera de energía formándose al inicio del meridiano y moviéndose a lo largo, como siempre, a un paso que sea cómodo para ti.

El meridiano del maestro corazón empieza en el lado izquierdo de tu pecho, en un punto un poco hacia afuera del pezón. Recuerda que el sendero de los meridianos es por dentro del cuerpo. De aquí, este meridiano sube y sale, sobre la axila para descender por el mismo brazo, bajando por adentro en el centro. Este vaso de energía después pasa por la mano, hasta que llega a la punta del dedo medio. Cuando hayas llegado a este punto en tu meditación, detente y evalúa, como antes, trayendo a un nivel consciente lo que sientas que ha sucedido durante la técnica. Después repite el camino del meridiano maestro corazón bajando por tu brazo izquierdo y mano.

Cuando estés listo, concéntrate en el trayecto del meridiano triple calentador. Este empieza a un lado del ojo izquierdo y va hacia atrás y alrededor de la oreja, sobre tu cabeza. De aquí, muévete en tu consciencia hacia abajo, al centro de la parte superior de tu espalda y después a través de tu espalda hacia tu hombro izquierdo. Baja por el brazo en, el centro por atrás y abajo hacia la mano. Pasa por la mano y sal por la punta del primer dedo. Detente otra vez y repítelo para el lado derecho y después vuélvete a arraigar, completando esta meditación como siempre.

Meditación del Meridiano del Hígado y la Vesícula Biliar

El hígado tiene la función de almacenar la sangre, regulando la cantidad en la circulación. Esto varía dependiendo de la actividad y las características de cada persona. Cuando se necesita más sangre, el hígado la libera, almacenándola hasta que suceda eso. La debilidad y la rigidez son signos de que la función del hígado está mermada, así que si tienes esto, usa esta meditación. El hígado también tiene la función vital de garantizar la circulación suave de la energía por todo el cuerpo, esencial para el funcionamiento saludable del cuerpo.

El hígado también controla los tendones y las uñas, asegurando que funcionen adecuadamente. Se considera que el hígado se abre en los ojos, así que los problemas en los ojos pueden ayudarse con esta meditación. También se considera que el hígado nos permite establecer y mantener el control, no sólo de nuestras funciones corporales, sino de la templanza de la mente y también del espíritu. Si sientes que estás inestable, fuera de control o tienes un problema o deficiencia en cualquiera de las áreas anteriores, usa esta meditación para que te ayude.

La vesícula biliar almacena la bilis, una substancia excretada en el aparato digestivo para ayudar en el proceso de la digestión. Si no puedes digerir tus alimentos, o cualquier aspecto de tu vida, usa esta meditación. También se considera que la vesícula biliar domina la toma de decisiones, así que si tienes algún problema con esto, esta es una excelente meditación. ¡Se les recomienda especialmente a los de Libra, igual que yo, que usen esta meditación!

El trayecto del meridiano del hígado empieza en el dedo gordo del pie, primero con el pie derecho. Sube por tu pie por adentro del centro de tu pierna, hasta tu pelvis. En este nivel muévete a la parte externa de tu cuerpo, a la altura de las costillas. Después, en diagonal, ve hacia adentro y arriba, a una distancia de aproximadamente cinco centímetros. Cuando hayas esperado un momento para hacer una pausa y descansar, repite esto en la pierna y el lado izquierdo del cuerpo. Después sigue al meridiano de la vesícula biliar.

Este empieza en la parte externa del ojo derecho y se mueve directamente hacia atrás de la oreja, subiendo y dando la vuelta a la oreja, y después baja en línea recta detrás de la oreja, a un lado de la base del cuello. De aquí hace una curva, bajando por un lado del cuerpo, abajo de la axila. Este meridiano hace zigzag a través de las costillas hacia un punto a un lado de la parte superior de la pierna. De aquí, nos movemos hacia abajo a través de la pierna, al tobillo, haciendo finalmente una curva hacia afuera a través de un lado del pie, al final del segundo dedo. Cuando hayas llegado a este punto, haz una pausa y repítelo para el lado izquierdo del cuerpo. Recuerda realizar tu arraigo y conexión primero, y despejar con tu visualización la esfera de energía, también arraigarte claramente después.

Meditación del Meridiano del Vaso de la Concepción y Vaso Gobernador

Llegamos ahora a la última línea de meridianos de vasos de energía en que vamos a meditar, llamado el Vaso Gobernador y Vaso de la Concepción, respectivamente. Podemos tomar las propiedades de estas líneas de meridianos de sus nombres. La primera, el vaso de la concepción, trata con lo que concebimos en la vida. Podemos pensar en lo que nos está llegando a nuestra vida y a nosotros mismos, lo que nos está inspirando, que es nuevo, lo que nos está empezando a dar un sentimiento, y lo que deseamos crear en este momento.

El Vaso Gobernador hace lo que te imaginas, ya que gobierna la función general del cuerpo y sus sistemas. Es bueno usar esta meditación para una limpieza general de la energía, y si tienes una sensación general de enfermedad o de malestar, pero no sabes el motivo. Las condiciones generales de debilidad como encefalomielitis miálgica o Alteraciones del Humor Estacionales pueden ayudarse al limpiar esta línea de energía del meridiano. Por consiguiente, efectivamente podemos gobernar nuestra propia elección si decidimos estar saludables o no.

La técnica de meditación es la misma de antes, empezando con el arraigo y conexión, después visualizando el movimiento de la esfera de energía a lo largo de las líneas de los meridianos. Haciendo una pausa entre una y otra línea y después arraigándote cuando hayas terminado.

El trayecto del vaso de la Concepción empieza en el centro del cuerpo, a la altura de la base de la columna o del hueso púbico, por el frente. De aquí, simplemente sube en línea recta hasta llegar al labio inferior, donde termina. Este se mueve a través del centro de tu cuerpo y, por lo tanto, enlaza con los chakras que hemos tratado antes. Por consiguiente, puede hacer surgir algunas sensaciones y energías bastantes poderosas, así que sé suave contigo mismo mientras uses esta meditación.

Haz una pausa y cuando estés listo continúa, concéntrate en un punto arriba de tu labio superior, nuevamente en el centro, donde empieza el meridiano Vaso Gobernador. De aquí vuelve a moverse en línea recta sobre tu cabeza y baja por el centro de tu espalda, nuevamente enlazando con los chakras, hasta que llega a la base de la columna, donde termina.

La técnica para las meditaciones de los meridianos es la siguiente:

Arraiga y conecta

Percibe lo que estás tratando, si hay algo específico

Visualiza la esfera de energía por el trayecto de las líneas de los meridianos

Haz una pausa y evalúa para la comprensión

Arraiga

Ahora hemos terminado la serie de meditaciones de los siete meridianos, diseñadas para recuperar o mantener el funcionamiento saludable de los sistemas corporales, si te es difícil sentir la esfera de energía moviéndose a lo largo de los meridianos, puede ser conveniente mover de antemano tus dedos por el trayecto, masajeando suavemente a su paso. Esto mismo estimulará un mayor flujo de energía, así como incrementará tu percepción de ello. ¡También es muy agradable!

De aquí sólo es un paso corto el percibir cómo pueden combinarse estas meditaciones con la meditación del sistema energético del último Capítulo, para darle un sistema de meditación efectivo a la producción y el mantenimiento del Cuerpo, la Mente y el Espíritu. Este sistema de meditaciones de sanación se enfoca en molestias y malestares específicos de las funciones del cuerpo. Ahora dirigimos nuestra atención a otras formas en que la meditación puede usarse para la sanación.

Bibliografía

Peter Aziz - *Shamanic Healing Points,* 1994

Barbara Ann Brennan - *Hands of Light,* Bantam, 1988 (Manos que Curan)

Barbara Ann Brennan - *Light Emerging,* Bantam, 1993 (Hágase la Luz)

Ftijof Capra - *The Tao of Physics,* Flamingo, 1976

John Davidson - *Subtle Energy,* C. W. Daniel, 1987

Marian Green - *The Gentle Arts of Aquarian Magic,* 1987

Louise Hay - *You Can Heal Your Life,* Eden Grove Editions, 1984 (Tú Puedes Sanar Tu Vida)

Benjamin Hoff - *The Tao of Pooh,* Mandarin, 1982

Steve Housome - *Taming The Wolf: Full Moon Meditations,* Capall Bann, 1995

Pete Jennings & Pete Sawyer - *Pathworking,* Capall Bann, 1993

Jessica Macbeth - *Moon Over Water,* Gateway Books, 1990

Jessica Macbeth - *Sun Over Mountain,* Gateway Books, 1991

Louis Proto - *Coming Alive,* Thorsons, 1983

Serena Roney-Dougal - *Where Science and Magic Meet,* Element, 1991

Stuart Wilde - *The Force,* White Dove International, 1984

Stuart Wilde - *The Quickening,* White Dove International, 1988

Tom Williams - *Chinese Medicine,* Element, 1995

Contenido

TÍTULOS DE ESTA COLECCIÓN

Fuerza y Poder de la Oración. *Varios*

Iniciación a la Magia Blanca. *Marco A. Acosta V.*

La Fe en la Oración. *Antología*

Pequeño Gran Diccionario de Metafísica. *Varios*

Saber Florecer. *Beyson M.*

Voces del Cielo. *Anrias D.*

El Poder de la Mente. Reflexionando con Emmet Fox. *Marco A. Garibay M.*

La Llave de tu Felicidad. Reflexionando con Saint Germain. *Marco A. Garibay M.*

Cuando un Amigo se va... *M. A. Garibay*

El Salmo Nuestro de Cada Día. *Antología*

Palabras de a Centavo. Reflexionando con Conny Méndez. *M. A. Garibay*

Oraciones Mágicas para Toda Ocasión. *Antología*

La Santa Cruz de Caravaca. Oraciones y Milagros

Volteando hacia la Luz. *Anónimo*

Amigo de mi Corazón. *Claire Blatchford*

Cómo Usar el Poder Divino para Lograrlo Todo. *Mark Age*

Sanación Divina de la Mente y el Cuerpo. *Murdo Mac Donald*

Meditación Práctica. *Steve Hounsome*

Impreso en los talleres de
OFFSET LIBRA
Francisco I. Madero No. 31
Barrio de San Miguel
Delegación Iztacalco. C.P. 08650
México, D.F.